Un mundo de historias

LETHAL CRYSIS

(Rubén Díez)

Un mundo de historias

Papel certificado por el Forest Stewardship Council®

MIXTO
Papel | Apoyando la
silvicultura responsable
FSC® C117695

Penguin
Random House
Grupo Editorial

Primera edición: enero de 2024
Primera reimpresión: enero de 2024

© 2024, Rubén Díez (Lethal Crysis)
Autor representado por CONTENT CREATORS HUB S. L.
© 2024, Penguin Random House Grupo Editorial, S.A.U.
Travessera de Gràcia, 47-49. 08021 Barcelona

Printed in Spain – Impreso en España

ISBN: 978-84-666-7727-1
Depósito legal: B-17.901-2023

Compuesto en M. I. Maquetación, S. L.
Impreso en Gómez Aparicio, S. L.
Casarrubuelos (Madrid)

BS 7 7 2 7 1

ÍNDICE

PRÓLOGO *10*

1. Los cazadores de cabezas humanas
Nagaland (India) *13*

2. La ciudad más deprimente del mundo
Vorkutá (Rusia) *27*

3. El pueblo que nunca conoció la paz
Erbil (Kurdistán). *45*

4. El primer contacto de la tribu waorani
Parque Nacional Yasuní (Ecuador). *59*

5. El infierno en el Bronx
Bogotá (Colombia). *73*

6. Contactos alienígenas en el desierto
Baja California (México). *89*

7. De furtivos a protectores del mar
Bahía de los Ángeles (México). *101*

8. La vida entre cocaína
Argelia (Colombia). *115*

9. La isla donde secuestran a mujeres para casarse con ellas

Sumba (Indonesia) 129

10. El punto de la Tierra más cercano al Sol

El Chimborazo (Ecuador) 143

11. El último hielero y los «chimbitos»

El Chimborazo (Ecuador) 155

12. La comarca más despoblada de España

Sobrarbe (España) 163

13. Miradas a la muerte

Sudán del Sur 175

14. La Nación de los Pies Ligeros

Chihuahua (México) 197

15. El viaje con el veneno del sapo del desierto

Sonora (México) 211

16. Camino al Continente Blanco

La Antártida 223

17. Prostitución de menores y sacrificios humanos en la Ciudad sin Ley

La Rinconada (Perú) 241

18. La expedición imposible

Groenlandia 253

19. La travesía marítima más peligrosa del mundo

Mar Mediterráneo 267

20. Rupturas amorosas, magos negros y terroristas

Srinagar (India) 285

AGRADECIMIENTOS 301
CRÉDITOS DE LAS IMÁGENES 303

PRÓLOGO

Incierto el futuro que nos depara este mundo polarizado en el que cada vez estamos más desconectados de todo lo que realmente importa. Los países divididos en diferentes grupos sociales que, como si de rebaños de ovejas se tratase, son manipulados a través del odio, el miedo y el rencor. Observamos al extraño con miradas de incomprensión y desaprobación, solo por ser de otra cultura, otra religión u otro color. ¿De verdad somos tan diferentes?

Si algo he aprendido en mis viajes por el mundo es que, independientemente de cuál sea nuestro dios o la forma de nuestros ojos, todos somos personas. Parece obvio, pero se nos olvida. Desde las comunidades amazónicas que conviven horrorizadas viendo como las quieren expulsar de la selva, como si de un desahucio se tratara, hasta el joven africano que busca una novia para dejar la casa de los padres y formar una familia. En eso, en los objetivos y metas básicas de nuestra existencia, todos nos parecemos.

Hoy presento estos veinte relatos, historias que sus protagonistas me contaron por el mundo, para acercaros realidades tan diferentes a vosotros, los lectores. Estos relatos están acompañados por fotografías tomadas durante estos mismos viajes, y además cada historia va precedida por una introducción en la que explico el interesante contexto en el que conocí al protagonista, información sobre el país, mis memorias o mis emociones plasmadas en el papel. Algunos de estos individuos os sonarán de mis pequeños documentales, pero incluso en estos casos descubriréis detalles que nunca pudieron verse en la pantalla. Tras cada relato encontraréis un código QR que os llevará al reportaje que estaba grabando mientras conocí a estas personas.

Me gustaría que disfrutarais de estas aventuras con la mente abierta y la predisposición adecuada para poder viajar de un rincón a otro de este planeta a través de ellas. De este modo, ahora vosotros también sois parte de mi camino.

1

Los cazadores de cabezas humanas

Nagaland (India)

Cierro los ojos y veo a mi yo adolescente. Estoy en casa de mis padres y mi futuro es incierto. Había abandonado mis estudios reglados porque tenía otras inquietudes, entre ellas, pasarme los días investigando y buscando nuevas ideas para mi canal de YouTube.

Entre semana, experimentos de ciencia y armas caseras; los fines de semana, fiestas interminables. Curiosa combinación.

Si bien es cierto que me apasionaba el proyecto y apostaba por él, con el paso de los años mis gustos evolucionaron al ritmo de mis objetivos. No me bastaba con hacer vídeos o buscar información desde la comodidad del hogar: quería viajar y ver con mis propios ojos las cosas increíbles que había en el mundo.

Y eso hice.

Pero no tan rápido... ¿Cómo empieza uno a vivir de forma nómada con diecinueve o veinte años? Tenía mil metas en la cabeza, quería comenzar a crear y volar alto, pero ¿quién iba a pagar las facturas? ¿Cómo iba a sufragar aquel estilo de vida?

Invertí horas y horas en investigar los diferentes destinos, haciendo cálculos, contactando con distintas empresas. Por aquel entonces tenía unos trescientos mil seguidores en el canal y algo de dinero ahorrado. No era mucho, pero era el momento. Si me echaba para atrás, nunca lo haría.

Finalmente, opté por empezar por la India… y eso me marcó para siempre. *Wow*. ¿Dónde estaba? El caos era absoluto. Las calles eran tan bulliciosas que era incapaz de centrarme en una sola cosa. Vendedores ambulantes, vacas y perros, cientos de coches y motos…, demasiados estímulos. Al ruido ensordecedor lo acompañan los olores, fuertes y diversos.

Los ciudadanos parecían totalmente habituados a aquel ecosistema. De hecho, la nota discordante era yo; por eso, de vez en cuando, alguien me pedía si podía tomarme una foto. Como si yo fuera una criatura exótica.

De repente, acabé en un sucio local, comiendo un thali con la mano. El thali es uno de los platos más típicos de la gastronomía india, básicamente arroz con diferentes salsas y vegetales y normalmente picante.

El thali es una comida tradicional india que se sirve en un plato redondo y grande que recibe el mismo nombre. Este plato suele estar dividido en secciones y cada sección contiene un alimento diferente. Es una forma popular y económica de disfrutar de una variedad de platos en una sola comida y se sirve en muchos restaurantes indios. Además, en algunas regiones de este país, como Guyarat y Rajastán, el thali es un alimento tradicional que se sirve en ocasiones especiales y ceremonias religiosas.

Esta primera aventura, que transcurrió durante 2017, duró algo más de un mes. Recorrí los sureños estados de Kerala y Tamil Nadu antes de terminar en la gran Benarés.

Actualmente veo todo esto con normalidad, es mi día a día, pero por aquel entonces todo me sorprendía. Lo curioso es que a mí me cautivaba lo que al resto de las personas normalmente les espanta. La gente, cuando viaja, prefiere ir a sitios turísticos o se encierra en un resort. Yo disfrutaba mucho más sumergiéndome en la cultura local hasta fundirme con ella.

Aquel fue el comienzo de un largo camino que aún continúa. Desde entonces he regresado a la India en varias ocasiones y con diferentes acompañantes. He ido a buscar a los caníbales de Benarés y he disfrutado del fascinante festival Holi de los colores, entre muchas otras experiencias, pero ahora quiero hablaros de una de mis últimas expediciones.

El Holi es una celebración hindú de primavera, también conocida como el Festival de los Colores o el Festival del Amor. Se celebra principalmente en la India y Nepal, pero también se observa en otros países con una población hindú significativa. Durante el Holi, las personas arrojan polvos de colores brillantes y agua coloreada, bailan y cantan canciones tradicionales, y comparten dulces y golosinas.

Septiembre de 2022. Tras un loco verano me dispongo a volver a la carga con los viajes. Bajo en autobús de Bilbao a Madrid y me reúno con mi gran compañero, ese con quien he compartido tantas aventuras: Luis Piñero. Casualmente, nos habíamos conocido durante aquel primer viaje a la India en 2017, y a ese país nos dirigíamos de nuevo.

Cámara en mano (como siempre), nos enfrentamos a la mayor aventura en ese territorio. El objetivo no era otro que explorar dos de los estados indios más remotos e inhóspitos, Arunachal Pradesh y Nagaland.

Carreteras impracticables y gran riqueza natural, cultural e histórica. Allí se encuentran una gran cantidad de grupos étnicos provenientes de diferentes zonas del continente asiático.

Comenzamos por los poblados apatanis, reconocidos por sus ritos y chamanes animistas, así como por las sorprendentes dilataciones nasales de las mujeres más ancianas.

Vivimos unos días mágicos en un entorno que bien podría estar inspirado en un cuento de hadas. Pequeñas aldeas rodeadas de incontables plantaciones de arroz que hacían también de piscifactorías, acogidas a su vez por montañas de vegetación virgen.

Después de recorrer muchas horas en coche, atravesar una isla fluvial de mayoría hinduista y superar varios controles policiales, llegamos a los poblados konyaks. Estábamos en la frontera con Myanmar y la estampa era extraña: el choque cultural entre las antiguas tradiciones y los tiempos modernos era obvio.

Los jóvenes cristianos acudían a la iglesia y se sentaban a escuchar los sermones de los pastores evangélicos en las calles. Sus abuelos, en cambio, lucían sorprendentes tatuajes faciales y portaban grandes collares y sombreros a la vez que machetes y otras herramientas del campo. Estos ancianos vivían allí desde antes de la llegada del cristianismo y se referían a su infancia como un terrorífico pasado en donde la vida no valía nada. Caminaban casi desnudos por esos bosques, armados y en grupo. Estos hombres eran temidos por todas las aldeas y tribus vecinas.

Los konyaks forman parte de las casi veinte tribus nagas que habitan en el remoto nordeste de la India y Myanmar, en Nagaland.

Cada tribu naga tiene su propia cultura, origen y apariencia, pero entre todas ellas destacan los konyaks. Durante décadas, fueron conocidos por ser cazadores de cabezas humanas y por sus espectaculares tatuajes faciales, una expresión viva del arte sobre la piel.

Sin embargo, con la llegada de los misioneros cristianos en la década de 1940, estas prácticas disminuyeron lentamente hasta desaparecer. Hoy en día, solo queda como un recuerdo la tinta envejecida en los cuerpos de los ancianos.

Tenía ante mí a uno de los últimos cazadores de cabezas humanas, con el que empecé a conversar mientras cocinábamos unas ranas al fuego. No sabía qué edad tenía, como el resto de sus compañeros, pero quizá alcanzaban ya los setenta u ochenta años, tal vez más. Mientras probaba la sabrosa rana mezclada con arroz, me senté a escuchar la historia de…

Penchun

Mi nombre es Penchun y soy un guerrero de la tribu konyak. Nací en el pueblo de Longwa, uno de los más grandes del distrito de Mon.

Cuando era joven, trabajaba en los cultivos, pero después de cumplir los diez años de edad ya no nos dejaban dormir en casa. Solo después de habernos casado teníamos de nuevo derecho a pernoctar en ella.

A fin de pasar de la niñez a la adultez, primero nos hacíamos un tatuaje en el pecho. A continuación, los guerreros debíamos formar una comunidad para ir a la caza de las cabezas de guerreros de otras tribus. Y, finalmente, tras su-

perar esta última prueba, entonces nos hacíamos un tatuaje en la cara.

Los tatuajes se clavaban a mano en la piel usando cañas de ratán afiladas y pigmento de savia de árbol. Y estaban reservados para los guerreros, para los que cazaban cabezas. El resto de la tribu no tenía este derecho porque no era guerrera.

La caza de cabezas y los tatuajes eran prácticas interconectadas en la cultura konyak. Cortar la cabeza de los enemigos era un rito de paso a la madurez. Al regresar a su aldea con una cabeza en la mano, el cazador obtenía el privilegio de un tatuaje facial, que representaba su gran coraje, valentía, orgullo y fuerza guerrera. El diseño y los patrones del tatuaje variaban según el número de cabezas cortadas, y era más complejo cuanto más enemigos se hubiesen cazado.

Antes de que nos convirtieran al cristianismo, había muchos cazadores de cabezas. Ahora apenas hay. Así que yo y unos pocos más como yo somos los únicos que quedan.

Las cosas han cambiado mucho desde entonces, y lo han hecho para mejor. Porque antes, hace años, las circunstancias eran terroríficas, incluso para nosotros. Teníamos muchos enemigos y no podíamos viajar a ningún sitio. Así que puedo decir que, gracias a los misioneros cristianos, aquí llegó la paz y ahora estamos mejor que nunca.

Naturalmente, no sé cómo será el futuro, aunque espero que todo vaya bien. A mis nietos les aconsejo que no tomen opio y que cuiden el medioambiente, porque tan importante es cuidar el cuerpo como el entorno. El opio lo trajeron los británicos. Nos lo entregaban para favorecer que estuviéramos en estado aletargado, como medio dormidos.

También enseñamos a los niños nuestra cultura, para que no desaparezca del todo y caiga en el olvido, aunque haya aspectos que espero nunca más regresen. No podemos quedarnos aislados, tenemos que adaptarnos a los tiempos cambiantes. Pero, si perdemos nuestra identidad, ¿cuál es el propósito?

No me arrepiento del pasado, porque era algo bueno para nosotros. Pero ahora creo que es mejor. No recuerdo cuántas cabezas habré cortado en toda mi vida. Solo sé que ese tiempo ya pasó.

Los misioneros llegaron aquí en la década de 1940. Se dedican a difundir una determinada religión, frecuentemente el cristianismo, entre aquellos que no la conocen o no la practican. Los misioneros pueden ser voluntarios o profesionales, y su trabajo puede implicar la enseñanza de la religión, la construcción de escuelas y hospitales y la prestación de asistencia humanitaria en áreas empobrecidas o en crisis. A menudo, los misioneros viajan a lugares remotos y poco conocidos para difundir sus creencias y valores, y algunos han sido criticados por imponer su religión y cultura a las personas que reciben su ayuda. Sin embargo, otros han sido elogiados por su trabajo humanitario y su apoyo a comunidades necesitadas.

A veces, los guerreros volvíamos con seis cabezas, otras veces con veinte o treinta. En ocasiones, sin ninguna. Solo sé que ese tiempo ya pasó. Quizá hace treinta o cuarenta años que no he vuelto a hacerlo. Recuerdo que íbamos una vez a la semana en grupos de diez o quince personas. Devastábamos aldeas enteras. Eran tiempos realmente peligrosos. A menudo perdíamos a nuestros amigos, igual que nuestros enemigos perdían a sus propios amigos.

Después transportábamos todas las cabezas al *morong*, las viviendas comunales, donde las cocíamos, las limpiábamos y se entregaban finalmente al rey. Los reyes tenían casas enteras llenas de calaveras, junto con otros tesoros de marfil y materiales preciosos.

Por supuesto, ahora también hay conflictos entre las distintas tribus, pero solo por tierras y ganado. Si una vaca, por ejemplo, entra en la plantación de otra tribu y se come las plantas, puede ser derribada. Si se reclama la vaca y no se retorna, puede desencadenarse el conflicto. Así que existe la violencia, pero no como antes.

Además del ambiente sanguinario, había otra cosa que era radicalmente distinta a como es ahora. En su momento, los matrimonios se acordaban entre las familias. Cuando una mujer tenía tatuajes por encima de la rodilla significaba que estaba reservada. También en las ceremonias matrimoniales se sacrificaban animales y se entregaban a la familia de la novia. Y si era el rey el que pedía matrimonio, entonces debía matar al hermano de la mujer.

Antes de la llegada del cristianismo, los konyaks eran animistas. El animismo es una fe religiosa que se encuentra en muchas culturas en todo el mundo, y se caracteriza por la creencia en que todos los seres vivos y objetos inanimados, como árboles, ríos, montañas y rocas, poseen un espíritu o alma. Los animistas creen que estos espíritus o almas pueden influir en la vida humana y que se deben respetar y honrar mediante rituales y ofrendas. Además, sostienen que los antepasados y los espíritus de los muertos también pueden influir en el mundo de los vivos.

Todo eso ya no es así gracias al cristianismo. Por eso tampoco mostramos ya las calaveras resultado de las decapitaciones y están todas escondidas. No solemos hablar demasiado de ello.

Nuestros jóvenes, de hecho, sienten vergüenza del pasado de sus abuelos. Tradicionalmente, incluso las mujeres, en los festivales, portaban unos cestos con cráneos humanos, pero ahora ya no. Ahora se han sustituido por cráneos de monos.

Aoleang es un festival que se celebra en la primera semana de abril (del 1 al 6) para dar la bienvenida a la primavera y también para invocar la bendición del Todopoderoso (Kahwang) sobre la tierra antes de la siembra de semillas. Se trata del festival más grande de los konyaks. Otro evento, el Lao Ong Mo, es el festival tradicional de la cosecha y se celebra en los meses de agosto y septiembre.

También hoy en día somos más conservadores a la hora de mostrar nuestro cuerpo desnudo y nos vestimos con ropa. Mis antepasados, al ir en cueros, eran más animales, menos civilizados, como lo son los monos. Eso es lo que la Iglesia me ha hecho creer y así lo creo.

Esta ropa también cubre gran parte de nuestros tatuajes, una biblioteca viviente. Ropa que habla del futuro y que cubre parte de nuestro pasado más terrible.

2

La ciudad más deprimente del mundo

Vorkutá (Rusia)

Existen países que, por diversas razones, siempre he ido posponiendo en mi calendario. Rusia era uno de esos países.

Los motivos no eran pocos: tras la terrible pandemia de COVID-19 se desencadenó la no menos terrible invasión de Ucrania, a lo que debía sumar algunos problemas que tuve con el visado. Sea como fuere, mis esfuerzos por viajar a Rusia fueron incesantes, porque uno de mis mayores sueños era convivir con los nenets (pastores de renos nómadas) y, para ello, debía llegar hasta Siberia.

Durante el verano de 2022, conseguí por fin el visado ruso, pero aún quedaba mucho por organizar. Poco después del estallido de esta guerra que sorprendió al mundo entero, llegaron las sanciones y, con ellas, todo se volvió mucho más complicado. Dado que todos los bancos estaban restringidos, no se podía sacar dinero de los cajeros ni pagar nada con tarjeta, lo que me obligó a llevar todo mi dinero en efectivo. Además, el valor del rublo, la moneda rusa, no dejaba de fluctuar.

Finalmente, llegó la fecha que dio comienzo a esta gran expedición que duraría casi un mes. Con mis dos mochilas (siempre viajo con una para cámaras y otra más pequeña para ropa) volé a través de diferentes países (Turquía y Azerbaiyán) antes de aterrizar en Moscú.

Durante esos primeros días, nos alojamos en la casa del reportero español Ricardo Marquina (un saludo si me estás leyendo), quien fue nuestro guía particular a través de los lugares más emblemáticos de la ciudad.

Tres días más tarde estábamos volando de nuevo, en este caso camino a las repúblicas del Cáucaso. Otra región fascinante.

Comenzamos por Daguestán, una interesante tierra de montañas en la que habitan diferentes grupos étnicos. La mayoría de la población es musulmana y muy tradicional (además de hospitalaria), y es conocida por su tremenda entrega y disciplina en la lucha y otros deportes de contacto. Tuvimos tiempo de recorrer los gimnasios más importantes, además de remotos poblados perdidos en esas magníficas montañas.

Aprovechamos para entrar en Chechenia, la república vecina. Ese extraño lugar parece haberse recuperado económicamente tras dos guerras devastadoras, pero el sufrimiento aún era palpable en la mirada de los locales. Aún hoy en día lidian con una situación política complicada. Su líder, Ramzán Kadírov, gobierna con mano de hierro y castiga a quien actúa o piensa diferente a él.

Otro vuelo más, vaya ritmo. Recuerdo mi sobresalto al salir del aeropuerto, el aire era tan frío que dolía respirar y toda la ropa que llevaba parecía insuficiente. Estábamos en Salejard, en el norte de Siberia. Por fin, en unas horas estaría con las familias nenets.

Aquellos días en el campamento nómada fueron inolvidables. Comíamos el pescado crudo que capturaban bajo el hielo, experimentamos fuertes tormentas y ventiscas y pastoreamos los cientos de renos junto a esos hombres y sus trineos.

Podría pasarme horas hablando de ese lugar. Recuerdo una noche en concreto. Era la una de la madrugada y hacía −40 °C. Salimos de los *chums* (viviendas tradicionales) y unas sobrecogedoras auroras boreales gobernaban los cielos. Además, la Vía Láctea se veía al completo, y estrellas fugaces nos sorprendían a cada minuto.

Casi lloraba de la emoción… y del frío.

Tras nuestro regreso a Salejard nos tomamos veinticuatro horas para descansar y reponer fuerzas. Aún quedaba otra aventura más. Desde hacía meses había leído e investigado sobre una fantasmal ciudad en el Ártico ruso conocida como «la ciudad más deprimente del mundo». ¿En serio?

Nos acercamos a la estación de tren y, durante más de diez horas, cruzamos ciento sesenta kilómetros de vías férreas cubiertas por nieve. Por fin, estábamos en aquella ciudad que decían era tan deprimente: Vorkutá.

En sus inicios, Vorkutá fue un simple asentamiento para alojar a los trabajadores de la fértil cuenca carbonífera del río Pechora. Un puñado de viviendas que fueron construidas por la mano de obra de los prisioneros de uno de los mayores campos de concentración de la Unión Soviética. Abierto desde 1932 hasta 1962, aquel gulag, conocido como Centro Correccional de Vorkutá, o Vorkutlag, llegó a albergar a casi cien mil presos de diferentes condiciones, desde prisioneros de guerra hasta disidentes soviéticos, que fueron utilizados para trabajos forzosos en las minas de carbón.

Miles de personas de diferentes partes del país, ya fuera por elección propia o en contra de su voluntad, se establecieron en este asentamiento enclavado en la república rusa de Komi, a cincuenta kilómetros al norte del círculo polar ártico. Progresivamente, fue floreciendo una ciudad de pleno derecho, la única en el noroeste de la república.

En la década de 1960, se cerró el gulag, pero el trabajo en las minas continuó por parte de las empresas del Gobierno. Con la caída de la Unión Soviética (URSS), esas empresas que funcionaban gracias a las subvenciones de Moscú pasaron a ser privadas. Como dejaron de ser rentables, empezaron a cerrar. Ahora mismo solo quedan abiertas tres o cuatro de las trece o catorce que había en sus mejores tiempos.

Esto también ha provocado que la ciudad haya perdido gran parte de su población. Vorkutá pasó de contar con 200.000 habitantes en 1989 a descender a 117.000 en la década del 2000. En 2018, su población se estimaba en unos 56.000 habitantes. Barriadas enteras de edificios levantados con paneles prefabricados han quedado abandonadas.

Sobre las aceras deterioradas se acumulan diversos tipos de basura y hasta oxidadas carrocerías de coches, como si el lugar hubiera sido víctima de un virus letal o algún otro desastre apocalíptico. En otros barrios apenas puede encontrarse una, dos o tres familias, como mucho.

Levantada con el sudor y la sangre de presos de un gulag y, finalmente, condenada al olvido debido al alto costo que implican las operaciones de extracción carbonífera, Vorkutá se había ganado la fama de ser la ciudad más deprimente del mundo. Una sensación que se agudizaba si tenemos en cuenta que en ese lugar las temperaturas oscilan entre los 0 y los –50 °C y las noches polares tienen tres meses de duración.

Después de la disolución de la URSS, las minas de Vorkutá se convirtieron en una empresa minera estatal y la producción de carbón continuó, aunque con una fuerza laboral significativamente más pequeña. También en los últimos años, la producción de carbón se ha visto afectada por la disminución de la demanda de carbón en Rusia y en todo el mundo, lo que ha llevado a una caída del empleo y a la reducción de la actividad minera en la región.

A pesar de los desafíos, las minas de Vorkutá siguen siendo una parte importante de la economía y la historia de la zona. Además, gracias al llamado suplemento ártico, los mineros que allí quedan pueden cobrar el doble de lo que cobraría un minero normal, novecientos rublos, lo cual es un incentivo para luchar contra la total desaparición de esta ciudad fantasmal. Un incentivo quizá más poderoso que el transmitido por los anuncios que hay en algunas vallas publicitarias, donde se puede leer «Vorkuta dobyvaet budushee Rossii» (Vorkutá produce el futuro de Rusia), acompañado de imágenes de manos llenas de carbón o de mineros fuertes y robustos como reclamo.

Sí, en comparación con otras ciudades del Ártico ruso, el valor de la vida humana en Vorkutá es significativamente más bajo. Los ciudadanos son casi desechables. Además, no es fácil llegar hasta allí, pues solo existe un pequeño avión regional de frecuencia irregular en invierno o un tren que tarda cincuenta horas desde Moscú. Desde Salejard, que es desde donde yo fui, son *solo* diez horas. Con estos datos, ya os podéis imaginar que Vorkutá está casi totalmente aislada del mundo.

Quizá por todo ello también la comunidad que habita allí cuenta con un fuerte sentimiento de identidad que se puede percibir en cada rincón. Un ejemplo de ello es el Festival de Folclore de Komi, que se celebra del 1 al 7 de noviembre, y que atrae a las numerosas minorías étnicas que habitan en todo el territorio de la república. El festival cuenta con un programa de eventos que incluye carreras de trineos, bailes populares y mercadillos de artesanía.

La historia de este lugar es tan sorprendente e interesante que incluso el videojuego *Call of Duty: Black Ops* se inspiró para una de sus misiones en esta población. En particular, a mí me consternó el tema del gulag y del campo de trabajos forzados. Más de la mitad de los habitantes actuales de la zona tuvieron antepasados que fueron enviados allí debido al sistema de campos de trabajo durante la época de Stalin, lo que representa una de las páginas más oscuras de la historia del país.

Así que pregunté si aún quedaba vivo algún minero que ya estuviera por aquella época. Tras hacer algunas llamadas, me confirmaron que habían dado con un hombre, un minero retirado que podía recibirnos en su casa. Y así es como conocí a...

Leonid Coffe Yákovlevich

Mi nombre es Leonid Coffe Yákovlevich. El apellido no me resulta muy cómodo decirlo porque se escribe igual que la bebida que todo el mundo bebe para despejarse por las mañanas, solo que con una sola «e».

Nací en Ucrania, en Járkov, la segunda mayor ciudad del país, pero muy pronto, en cuanto estalló la Segunda Guerra Mundial, fuimos trasladados a Stalingrado para que mis padres trabajaran en las fábricas que producían los tanques que habrían de repeler la invasión alemana de la Unión Soviética.

Yo solo era un niño y mis ojos ya pudieron contemplar entonces los horrores de la guerra, y no de cualquier guerra, pues la batalla de Stalingrado está considerada como una de las más sangrientas en la historia de la humanidad.

Finalmente, cuando la guerra se recrudeció, mi madre y yo fuimos evacuados al territorio de Altái, a la ciudad de Barnaúl, al sur de la Siberia Occidental, mientras mi padre

se quedó combatiendo en Stalingrado. Tras la derrota de la Alemania nazi, regresó herido, pero milagrosamente vivo.

En Barnaúl pude completar mis estudios de secundaria e ingresé en el prestigioso Instituto Politécnico de Tomsk. Sin embargo, mis días de estudiante no duraron mucho, pues en 1955 se emitió un decreto gubernamental que llamó a filas a jóvenes que, como yo, formaban parte del Komsomol, a fin de reforzar así la industria minera del norte.

El Komsomol era la organización juvenil del Partido Comunista de la Unión Soviética (PCUS). Si bien tenía una influencia limitada sobre el partido, su papel era crucial en la enseñanza de los principios y valores del PCUS a la juventud, y servía como una entrada a la política de la Unión Soviética.

Tras seleccionar solo a los que mejor encajaran en aquel lugar alejado del mundo, acabé dando con mis pies en Irkutsk, una de las ciudades más pobladas de Siberia.

En los años del régimen comunista, se estaba llevando a cabo una rápida industrialización en Irkutsk y Siberia, y nosotros éramos elementos imprescindibles para ejecutar aquel proyecto. Así, los bautizados como «la primera fuerza de desembarco juvenil» éramos cincuenta y cuatro licenciados y dos profesores. Nuestras órdenes eran simples: construir un asentamiento, modernizar las minas y organizar grupos de trabajo para extraer el preciado carbón. Eso era todo.

Importante nudo ferroviario del ferrocarril Transiberiano, Irkutsk es una de las escasas ciudades de Siberia que ha mantenido su carácter histórico y sus diseños originales. También fue un lugar con fuertes resonancias literarias, pues ese fue el destino final del viaje del correo del zar Miguel Strogoff en la novela del mismo título escrita por Julio Verne.

Aunque todos éramos disciplinados, creo que yo lo era más que el resto, pues fui el primero en llegar hasta allí. Mis padres quedaron consternados con mi marcha, e incluso dejé a mi mujer cuando estaba embarazada. Mi prioridad era servir a mi país. Por esa razón, el director del fideicomiso me dijo que, como premio por mi entrega, me iba a hacer un regalo.

—¿Qué tipo de regalo? —le pregunté.

—Todas las minas de aquí son para los convictos, y solo una es para la gente común: «Trigésimo». Te voy a enviar a ella. Para que puedas trabajar con los tuyos, con la gente normal.

Asentí, agradecido.

—Ve a ver al ingeniero jefe Mironov… —me ordenó entonces—, él te dirá qué hacer.

El jefe Mironov me comunicó entonces que sería enviado a la sección 4, un área prometedora con grandes reservas de carbón.

—¿Eres miembro del Komsomol? —me preguntó entonces levantando una ceja.

—Sí —respondí, orgulloso.

—Vale, pues no hagas propaganda allí.

—¿Por qué?

—El jefe de su comisaría es Viktor Andreevich Orlov. Cuando los alemanes ocuparon Ucrania era su jefe de policía. Mejor evitar la tensión.

—De acuerdo —le dije.

Luego reclutó una brigada de jóvenes desmovilizados para prestarme ayuda. Ninguno de ellos había trabajado antes en la mina, pero a todos les dieron el rango de brigadistas. Y así empezó todo.

Sin embargo, al llegar a la mina descubrimos que no había ningún sitio donde instalarlos para vivir, así que echaron al peluquero y habilitaron la peluquería como nuestro futuro hogar.

Éramos tres muchachos viviendo en una peluquería, un habitáculo sin ventanas. En el centro de la estancia había una mesita en lugar de una mesa y, en lugar de armarios, había maletas debajo de las camas. Así vivimos durante siete meses.

Yo llegué cuando la mina n.º 30 era la única mina de trabajo a la que la gente iba a trabajar sin escolta. Otros pocos trabajaban solo bajo la vigilancia de perros. Me comunicaba diariamente con los trabajadores de la mina n.º 30 que habían sido liberados. Estábamos en la misma brigada, sección y mina. En el asentamiento, conocíamos a algunos de los chicos que vivían en las barracas, especialmente a los miembros del Komsomol, con los que solíamos hablar.

Al llegar a la mina n.º 30, nos encontramos con una sorpresa, ya que el barracón recordaba a un hospital. Se usaban sábanas blancas colgadas para dividir las habitaciones. Ocasionalmente, el capataz entraba en los barracones, abría las puertas y preguntaba si había algún enfermo… Si lo había, repartía unas pastillas y decía: «Cuidaos y poneos bien».

Pero las cosas no siempre eran pacíficas. Que yo sepa, hubo al menos dos revueltas en las minas. Los guardias dispararon desde las torres de vigilancia y mataron a algunos hombres.

Después de la partida de Stalin, los trabajadores creían que sus casos serían revisados y que serían liberados, así que comenzaron a exigir derechos. Sin embargo, la Administración no cedió y se produjeron nuevos disturbios. En ese momento, un coronel ordenó que dispararan a los disidentes. A pesar de que los mineros no estaban armados, recibieron lluvias de balas.

Afortunadamente, no todos los comandantes eran iguales y había en el campo personas como Máltsev Mijaíl Mitrofánovich. Máltsev era una persona excepcional con cuatro condecoraciones de la Orden de Lenin, una Estrella de Oro como héroe de la URSS y un Premio Stalin de primer grado por haber organizado la exploración y perforación para la obtención de uranio en Alemania. Durante la guerra, organizó la defensa aérea de Moscú y también estuvo en Stalingrado, levantando compañías de defensa. Él fue el jefe de Vorkutlag y, durante su mandato, las cosas fueron mejor que nunca.

Más adelante, me trasladaron a otra mina donde teníamos una jefa, Ksenia Andreyévna Plastinina. Ella me dijo que, aunque tenía mucho trabajo, fuera a Khamer, que se encuentra a ochenta kilómetros más al norte, y allí viví durante los siguientes años.

En esa época trabajé duramente en condiciones que resultan increíbles para muchas personas.

En un principio no había ningún tipo de mecanización: nuestras únicas herramientas eran nuestro cuerpo, una palanca y un mazo. Si no había espacio suficiente, tenías que arrastrarte de rodillas a través de los intestinos de la tierra.

Todo el carbón que se extraía manualmente se cargaba en vagones y se transportaba hasta la superficie. No fue hasta 1940 cuando llegaron a las minas los primeros caballos para transportar el carbón.

Y luego, de forma gradual, las condiciones se fueron haciendo menos inhumanas.

Por si fuera poco, a diferencia de otras minas, en Khamer los niveles eran verticales, entre noventa y ciento veinte grados. Y allí, desde la salida de emergencia superior hasta la inferior, había cien metros de superficie de permafrost. No había ningún otro lugar así. Únicamente en Khamer.

El permafrost es una capa de suelo permanentemente congelado que se encuentra en regiones frías del mundo, especialmente en la tundra y en el Ártico. Esta capa de suelo permanece congelada duran-

te todo el año, incluyendo el verano, y puede tener una profundidad que varía desde unos pocos centímetros hasta varios metros. El permafrost es extremadamente importante para la estabilidad del suelo y el medioambiente en esas regiones, y su descongelamiento puede tener efectos significativos en la infraestructura, la biodiversidad y el clima global.

Afortunadamente, casi todo estaba a oscuras. Sí, afortunadamente. Porque ahora creo que si alguien hubiera iluminado de forma conveniente la mina, nunca habría llegado allí abajo. Aunque no me considero un cobarde, a veces es mejor no ver según qué cosas: como un abismo de cien metros de profundidad. Habíamos estado escalando sin ningún equipo de seguridad. Íbamos de rodillas, no sabíamos lo profundo que era aquel lugar porque la única iluminación de la que disponíamos, las linternas de nuestros cascos, no era suficiente para retirar las sombras de las entrañas de la tierra. Es irónico, ¿verdad?

Pero la falta de iluminación o los abismos no eran los únicos riesgos a los que debíamos enfrentarnos. El gas metano era un peligro invisible pero letal. Una simple chispa podía producir una explosión. En el mayor accidente de Irkutsk, murieron cincuenta y nueve personas. Cincuenta y seis fallecieron al instante y tres lo hicieron más tarde en el hospital.

En esa época estaba de moda penetrar en profundidad a toda prisa y, cuanto más se avanzaba, más presión se ejercía.

Cuanto más se rompían las estructuras del armazón, más se rompían los carriles de la mina, incluso los refuerzos metálicos quedaban inutilizables. Aunque al principio todas eran de madera, luego se pasaron al metal. La mina más profunda, llamada Komsomolskaya, funciona a una hondura de más de un kilómetro y, a esta profundidad, todo es infinitamente más peligroso: la presión hace que se rompa cualquier armadura, lo que a su vez puede desencadenar una explosión de gas. Decenas de metros cúbicos de gas se liberan por cada tonelada de carbón extraída. Posiblemente no exista otra mina en el mundo tan peligrosa como la nuestra.

El metano es un gas altamente inflamable e incluso explosivo cuando se encuentra en determinadas concentraciones en el aire y entra en contacto con una fuente de ignición como una chispa o una llama. De hecho, el metano es el principal componente del gas natural utilizado como combustible en hogares, industrias y vehículos. Sin embargo, también es importante tener en cuenta que el metano es un gas de efecto invernadero muy potente, cuyas emisiones contribuyen significativamente al calentamiento global y al cambio climático.

Aparte de los riesgos más evidentes y de las explosiones de metano, estaban las enfermedades. Inhalar polvo de carbón era lo menos peligroso, pero seguía sin ser algo bueno. El polvo del mineral, si es de calcio, es permanente. Uno se ponía enfermo, la respiración disminuía, la capacidad pulmonar se reducía, etc. La gente que trabajaba con un martillo también estaba sometida a una enfermedad fruto de las vibraciones. Estas penetran en el organismo por las extremidades y acaban por provocar toda clase de dolencias, desde vasculares hasta óseas.

Todo esto hace que, en este lugar, haya personas que tengan una esperanza de vida muy corta. Otras, no obstante, tienen la suerte de llegar muy lejos. Es difícil de decir, pues depende de cada persona.

Te contaré un ejemplo halagüeño: en agosto de este año, la leyenda de Vorkutá, Mijaíl Nikoláyevich Peymer, vino a visitarnos. Él participó en la guerra y comandaba nuestro pelotón de cohetes Katiusha. Y en 1945, al final de la guerra, a causa de su juventud y estupidez, pronunció tan solo cinco palabras impertinentes. Eso fue todo. Estuvo diez años en el campo de Vorkutá. Le dieron el alta más rápido porque trabajó bien y, asimismo, porque tenía créditos, podía descontar años de trabajo. Más tarde, sé que empezó a trabajar en una obra. Este año, Mijaíl Nikoláyevich Peymer cumplirá cien años de edad.

Ahora un ejemplo malo: como te he contado, nos seleccionaron para venir aquí por muchas razones, desde nuestra competencia en los estudios hasta nuestra buena forma física. Transcurridos veinte años, de los cincuenta y seis seleccionados solo sobrevivimos veinte. Uno murió de manera trágica y el resto se dispersó, incapaces de afrontar la situación. Y eso que los chicos no eran débiles.

Yo trabajé un tercer turno durante diez días y a veces en dos turnos a la vez. Y tengo un amigo que trabajó en las peores condiciones, donde había mucho polvo de roca que producía muchos casos de neumoconiosis, una enfermedad pulmonar que resulta de la inhalación del polvo del carbón. Ahora ya tiene ochenta años, ¡pero ha trabajado ahí treinta y cinco años! Dios quiera que siga tan alegre y sano como ahora durante otros cien años. Es verdad que le cortaron la pierna, pero no sé si tuvo algo que ver con la mina o no.

Yo, milagrosamente, también sigo vivo. Y aún me acuerdo de todo, lo que es un doble milagro. No está nada mal para la que dicen que es la ciudad más deprimente del mundo.

3

El pueblo que nunca conoció la paz

Erbil (Kurdistán)

Las preguntas que parecen perseguirme en cada travesía son: ¿Acaso viajas en solitario? ¿Quién te acompaña en estas aventuras?

La verdad es que no existe una respuesta única, ya que todo depende del viaje en cuestión. A veces, mi única compañía soy yo mismo, pero en otras ocasiones me rodeo de amigos, mi pareja, camarógrafos o incluso fotógrafos.

Un ejemplo fascinante fue mi expedición al Kurdistán iraquí junto a Miguel Oliveros, un profesor universitario con fuertes lazos con la región. Aunque un amigo común nos había presentado tiempo atrás, nunca habíamos coincidido en persona. Pasamos meses diseñando meticulosamente nuestra odisea, coordinando los reportajes que deseaba filmar, gestionando permisos y cuadrando fechas. Solo teníamos diez días, pero un sinfín de cosas por hacer.

Nos encontramos por primera vez en el aeropuerto Adolfo Suárez de Madrid, justo un par de horas antes de embarcar en nuestra aventura. Ya había comenzado a grabar, pues sabía que el viaje a Erbil, la capital del Kurdistán, estaría lleno de momentos curiosos y dignos de capturar. Después de varias horas de vuelo, aterrizamos en Estambul. Continuamos filmando mientras profundizábamos en la rica historia y la compleja situación política de la región, caminando en dirección a la puerta de embarque para nuestra siguiente conexión.

Ahora venía la parte verdaderamente peculiar del trayecto: el vuelo de Estambul a Erbil.

Erbil es una de las ciudades habitadas más antiguas del mundo. Surgida en torno al año 2300 a. C., Erbil ha sido un centro importante en la región de Mesopotamia a lo largo de la historia. Así, su Ciudadela lleva habitada continuamente más de siete mil años, y hoy es Patrimonio de la Humanidad por la Unesco.

Los aviones que se dirigen a este destino suelen aterrizar (y despegar) durante la noche, y realizan peligrosas maniobras en espiral descendente dentro del perímetro de seguridad. Estas maniobras incluyen giros bruscos en ángulos de noventa grados, quizá para evitar ser alcanzados por misiles. Al aterrizar, nos recibieron justo en la puerta del avión. Por fin, habíamos llegado a nuestro destino tan esperado.

El Kurdistán es una de las regiones más interesantes del mundo. Se expande a través de cuatro países (Turquía, Siria,

Irán e Irak) y es un auténtico paraíso para la investigación. Los kurdos están considerados como el mayor pueblo del mundo sin un estado propio. Históricamente han luchado por un territorio que nunca les ha sido concedido. Son el cuarto grupo étnico más grande de Oriente Próximo, con entre treinta y cuarenta millones de personas.

Allí grabé cinco reportajes sobre cinco temas relacionados con esta región: la historia del pueblo kurdo, la Peshmerga (su ejército), nómadas de las montañas, los yazidis (una de las minorías religiosas más interesantes), y el genocidio kurdo y el ataque químico de Halabja. Hablemos acerca de esta historia reciente de las últimas décadas.

Sobre este territorio emergieron y convivieron algunos de los mayores imperios y civilizaciones de la historia: babilonios, sumerios, asirios, arcadios, el imperio de Alejandro Magno, el islam, otomanos… Durante la Primera Guerra Mundial, se firmó el Acuerdo Sykes-Picot (aunque, más que de un acuerdo, podemos hablar de una traición), a través del cual Gran Bretaña y Francia (además de Rusia) se repartieron estos territorios sin interesarse por sus diferentes etnias o religiones.

En los años setenta comenzó la larga y cruel dictadura de Sadam Huseín, devastadora para el pueblo kurdo.

Sadam Huseín fue el presidente de Irak desde 1979 hasta 2003. Durante su mandato, hizo construir un sofisticado búnker subterráneo en Bagdad para protegerse de posibles ataques. El búnker fue diseñado por

> expertos alemanes y estaba equipado con sistemas
> de aire acondicionado y filtración de aire, además de
> contar con muros de hormigón de cinco metros de es-
> pesor, capaces de resistir impactos de bombas.

En la década de los ochenta, en la que tuvo lugar el conocido como genocidio kurdo (operación al-Anfal), se asesinó a más de ciento ochenta mil kurdos. Este exterminio se cerró en 1988 con la masacre de Halabja, en la que se emplearon agentes químicos. Después vinieron las guerras del Golfo, la de Irak y la reciente guerra contra el Estado Islámico o ISIS, por lo que los kurdos no conocen la paz ni la tranquilidad desde hace mucho tiempo.

Desde el primer momento que respiré el ardiente aire de Erbil, ese julio de 2022, hubo una persona que me ayudó a que mi estancia allí fuera posible. Con su gran formación y reputación (aun siendo tan joven) y sus buenos lazos con el Gobierno, pude grabar con seguridad, conocer a coroneles de la Peshmerga y a grandes familias históricas y eruditos del Kurdistán, obtener permisos para templos y zonas restringidas, etc. Hoy en día él es mi gran amigo Ayar Rasool.

Como todo kurdo, también sufrió por estos conflictos desde que nació, llegando a huir con su familia durante sus primeros años de vida a través de diferentes países vecinos. La sangrienta guerra contra el ISIS marcó para siempre a los jóvenes de la región, pero en su caso también le convirtió en lo que es hoy en día: documentalista y reportero de guerra.

Ayar Rasool

Todo comenzó con la ocupación de Mosul, una ciudad del norte de Irak, ubicada junto al río Tigris, por parte del grupo terrorista ISIS. Las cosas se veían bien para los kurdos al principio y todos pensaban que esto era un problema solo para Mosul.

Recuerdo haber escuchado a la gente decir que el ISIS no estaba amenazando a las personas en Erbil y no se atreverían a atacar las áreas kurdas.

El Estado Islámico de Irak y Siria (ISIS), también conocido como Estado Islámico de Irak y el Levante (ISIL) o simplemente Estado Islámico (EI), es un grupo extremista yihadista que surgió en la escena mundial en 2013, aunque sus orígenes se remontan a principios de la década del 2000. El ISIS es conocido por sus actos violentos, brutales y por promover una interpretación radical del islam.

Mientras escuchábamos noticias en la televisión y veíamos a los periodistas kurdos hablar con los militantes de ISIS al otro lado de las líneas de primera línea, nunca pensamos que se convertirían en el enemigo del pueblo kurdo y el resto del mundo. Sin embargo, sus buenas intenciones eran falsas. Solo querían comprar algo de tiempo para reunir a suficientes personas a fin de poder organizar un ataque contra el Kurdistán.

En ese momento trabajaba como ejecutivo de ventas para una empresa local que organizaba ferias de empleo con el fin de conectar a los solicitantes de trabajo y empleadores, al mismo tiempo que estudiaba en la universidad. Nuestros principales clientes eran compañías petroleras. Básicamente, nuestro destino dependía de los ingresos del petróleo y de cuántas personas estaban dispuestas estas empresas a contratar. Tenía un buen trabajo y las cosas me iban bien. Mientras soñaba con los planes futuros y cómo se vería mi vida en años próximos, el ISIS obtuvo suficiente poder e intentó ocupar el Kurdistán.

Soy originario de Kirkuk y crecí en un vecindario problemático. Oír disparos, vehículos del ejército o helicópteros era algo normal. De hecho, mi barrio en Kirkuk era la zona caliente con la que el ejército de Estados Unidos siempre estaba luchando durante la operación Libertad, en 2003.

La operación Libertad Iraquí fue la invasión militar liderada por Estados Unidos y sus aliados en 2003 para derrocar al presidente iraquí Sadam Huseín. La invasión fue justificada por la supuesta posesión de armas de destrucción masiva por parte de Irak y sus vínculos con grupos terroristas, como Al Qaeda.

Como niño que creció en la guerra, fui testigo de muchos tiroteos y, desafortunadamente, fue algo normal para mí. De vuelta en Erbil, vi gente empacando y escapando de la ciudad. Pensé que solo eran cobardes y no deberían abandonar Erbil. Sin embargo, también teníamos voluntarios que se dirigían a primera línea y ayudaron voluntariamente a la Peshmerga kurda. Gente común que llevaba armas y defendía a su país. Esto me hizo sentirme orgulloso y supe que estaríamos a salvo.

Finalmente, fueron derrotados, pero se hicieron con algunos lugares estratégicos que también estaban cerca de las plataformas petroleras.

Solo una semana antes de hacer mi mayor venta del año y mi margen de ganancias, todo se veía genial. Pensaba que mi vida estaba en el buen camino y, por fin, estaba a solo un paso de mis sueños. Era una noche normal y todos en la compañía, incluido el CEO, estaban tranquilos. No recuerdo el momento exacto, pero recibimos un correo electrónico diciendo que cerrábamos la compañía inmediatamente debido a la crisis desatada. Nuestra empresa dependía en gran medida de las compañías petroleras y, cuando estas decidieron evacuar, perdimos nuestra principal fuente de ingresos en un abrir y cerrar de ojos.

En ese instante, acepté mi destino. Sabía que sería difícil para mí encontrar otro trabajo, porque la mayoría de las empresas habían sufrido una reducción de personal y las internacionales habían abandonado el país.

Mientras pensaba dónde podía usar mis habilidades, escuchaba a personas en mi universidad que trabajaban para periodistas. Un amigo me preguntó si quería colaborar como *fixer*. Esa fue la primera vez que oí aquella palabra.

No voy a mentir, sonó genial. El pago también fue muy bueno. Me daban doscientos cincuenta dólares por día como principiante. Fue una gran oportunidad porque fue fácil trabajar con Associated Press. Fui responsable de llevar a los fotógrafos a campos de refugiados y a los lugares donde se reunían las personas desplazadas. En mi opinión, no estaba viendo algo demasiado loco porque también crecí como un niño refugiado que huía entre Irán, Irak y Turquía. Parecía que este era el destino del pueblo iraquí y la historia solo se estaba repitiendo.

Debido a la naturaleza de mi trabajo anterior, establecí muy buenas conexiones con muchas personas en el Gobierno y fue sencillo para mí obtener acceso a sitios imposibles. Esta habilidad pronto me hizo famoso en mi nuevo campo como reparador. Recibía muchas ofertas de diferentes televisiones y agencias de noticias. También puedo decir que poseía una gran experiencia comercial, y con todas esas habilidades de marketing y venta fue fácil para mí destacar.

Las cosas comenzaron a ponerse más intensas en el tiempo y la cantidad de horas de trabajo aumentó. En un periodo de tiempo muy corto, mi vida de reparador que iba a los campamentos cambió a la de reparador que llevaba a las personas a primera línea. *Freelancers*, televisiones, escritores, cantantes y turistas de guerra. Llevaba a personas de diferentes orígenes a la vanguardia y otras áreas conflictivas. No olvidemos que todavía era un estudiante universitario. Estaba trabajando entre clases. Cuando digo «entre clases», no me refiero a la hora entre las clases de la mañana y la noche.

Tuve días en los que iba al frente después de mis clases de la mañana o de la tarde, me quedaba durante la noche allí y regresaba a la ciudad para asistir a la clase de la mañana siguiente mientras todavía olía a polvo y pólvora. A veces tenía que limpiar mis zapatos fangosos antes de entrar al aula. A menudo, también era necesario un lavado de cara rápido.

Los primeros años con este trabajo fueron con el ejército kurdo, al que llamamos Peshmerga.

La palabra *Peshmerga* proviene del kurdo y significa «aquel que enfrenta la muerte» o «los que luchan ante la muerte». El Peshmerga es un símbolo de la lucha kurda por la autonomía y la independencia en sus tierras históricas.

El Peshmerga estaba más organizado en ese momento, y principalmente trataba de defender en lugar de avanzar. Aunque las fuerzas kurdas podían permitirse el lujo de quedarse en su lugar y defenderse, el ejército iraquí tuvo que luchar en una guerra que era muy nueva para ellos. Ninguno de los soldados sabía cómo luchar en las zonas urbanas, áreas llenas de civiles en las que debían limpiar las casas una por una. Recuerdo que estaban disparando mientras la gente todavía escapaba.

Aún me siento muy afortunado de sobrevivir a esa época. Supongo que jugar a *Stayin' Alive* de los Bee Gees durante el camino a la primera línea funcionó. Bromas a un lado, siempre fui un *fixer* cuidadoso e intrépido. Es importante no poner las vidas de otros en peligro por arriesgarse demasiado. También es muy importante mantenerse enfocado cuando estás en peligro.

Puedo decir que trabajar en áreas conflictivas tuvo un gran impacto negativo en mi educación. Siempre estuve retrasado en mis clases y nunca presenté mis tareas a tiempo. Estoy agradecido por los maestros que realmente entendieron mi situación y me dieron segundas oportunidades. Sacrifiqué parte de mi formación para poder ganar dinero y continuar mi educación y mi vida en Erbil.

Me pareció como una estación de metro completamente silenciosa en un momento y convertida en un caos en un instante. Estaba en la universidad saliendo con gente genial y amigos que se preocupaban por cosas simples y desconocían la catástrofe que tenía lugar a unas pocas horas de Erbil. La gente murió frente a mí. Soldados con los que había conversado minutos antes luego volaban en pedazos. Estuve en campos llenos de personas muertas.

Eso contribuyó a que empezara a ver a la gente de mi entorno como personas mimadas que no sabían nada sobre la vida, pero, por supuesto, esta era su realidad y no puedo juzgar a nadie. No deben sufrir, sentirse tristes ni dejar de disfrutar la vida solo porque hubiera una guerra cerca de sus casas.

Por aquel entonces no estaba familiarizado con el término *trauma*. El alcohol, las fiestas y muchas otras cosas fueron mi refugio. También fue difícil para mí dormir bien. Los *flashbacks* y las pesadillas se sucedían muchas noches. Me sentía muy traumatizado por todo lo que había pasado. Por supuesto, cuando estás en la zona de guerra, en realidad no crees que te verás afectado por las cosas que estás viendo. Crees que irás a casa y un buen sueño o unas vacaciones lo borrarán todo. Desafortunadamente, tu mente subconsciente empapa todo lo que escuchas y vives como una esponja emocional.

Cuando me di cuenta de ello, intenté tener más cuidado a la hora de relacionarme con la guerra. Así, tomé la decisión de dejar de trabajar como reparador. Me dije a mí mismo que solo continuaría otro año y que eso sería más que suficiente.

Sin embargo, algunas cosas sucedieron en el camino y decidí dejarlo de inmediato. Primero, perdí a mi buen amigo Shaheen. Solíamos trabajar juntos y vendíamos imágenes de la guerra. Era un paramédico y siempre tenía contenido intenso de la primera línea. Exactamente lo que las agencias de noticias querían. Shaheen fue abatido por un francotirador mientras rescataba a una niña pequeña. Esta guerra no se apiadaba de nadie.

El trastorno de estrés postraumático (TEPT) es un trastorno de ansiedad que puede desarrollarse después de experimentar o presenciar un evento traumático, especialmente aquellos que involucran violencia, lesiones graves o una amenaza a la vida. La guerra es un escenario en el que muchas personas pueden estar expuestas a situaciones traumáticas, lo que puede resultar en el desarrollo de TEPT.

Este incidente me hizo reducir la velocidad un poco. Era una llamada de atención y decidí renunciar como *fixer* lo antes posible. Sin embargo, no me di cuenta de cómo pasaba el tiempo mientras me decía a mí mismo que pronto lo dejaría. El día que renuncié estaba con dos periodistas de Estados Unidos. Ese día llegamos tarde debido al tráfico pesado en los puntos de control. Los civiles escapaban y era imposible moverse con rapidez. Alcanzamos las líneas delanteras y decidimos caminar por una calle estrecha. Después de dar algunos pasos, escuché una gran explosión frente a nosotros. El humo estaba ascendiendo. No había fuego. Le dije al equipo que cambiara nuestra ruta.

Más tarde, descubrí que un grupo de paramédicos voluntarios había muerto. Conocía a tres de ellos. Los habían matado en la misma explosión que había presenciado horas antes. Todo se ralentizó por un momento. Fue entonces cuando decidí que nunca más volvería a trabajar como *fixer*, pues realmente sentí que yo iba a ser la próxima víctima.

4

El primer contacto de la tribu waorani

Parque Nacional Yasuní (Ecuador)

Si algo ha marcado mi trayectoria como documentalista son los reportajes sobre grupos étnicos y culturas tribales en diferentes zonas del mundo. Los campamentos mundaris de Sudán del Sur, ceremonias desconocidas como el Guerewol de los wodaabes en el Chad, los peligrosos territorios surma de Etiopía, los mágicos valles kalash de Pakistán, las montañas de los arhuacos en el norte de Colombia o, por supuesto, las comunidades indígenas de las profundidades del Amazonas.

Tengo que confesar que estos temas me apasionan (creo que se me nota). Lo veo y enfoco como un viaje de sensaciones a través de la historia, a la vez que investigo sobre tradiciones y modos de vida que probablemente desaparecerán pronto.

Mucho antes de la llegada de la tecnología y las religiones actuales hubo un tiempo en que todos nosotros vivíamos así. Nuestros antepasados cazaban y recolectaban, eran nómadas. Tenían una estrecha relación con los elementos naturales y todos los seres vivos de los ecosistemas.

Por todo ello, me resultan tan interesantes esta clase de viajes de descubrimiento. Por todo ello, considero tan necesaria esta labor de documentación.

Pero ¿cómo comencé?

En febrero de 2019, me encontraba en mi primera gran ruta latinoamericana. Ya había recorrido países como Cuba, México, Colombia o Venezuela y me disponía a entrar en Ecuador, que terminó siendo como mi segunda casa.

Sabía que era un país pequeño pero inmensamente rico y diverso, por algo es conocido como «el país de los cuatro mundos»: la selva, la sierra, la costa y las islas Galápagos (en este orden de este a oeste).

Por aquel entonces, nunca había visitado una tribu y no sabía muy bien qué hacer para conseguirlo, pero aprovechando la visita a ese mágico país comencé a preguntar y preguntar en cuanto aterricé en Quito, la capital.

Gracias a mis seguidores en redes sociales lograba los mejores contactos (tengo mucha suerte de tener una comunidad de seguidores como la que tengo), así que decidí continuar por ese camino. Por fin, algunos días más tarde, conseguí entablar comunicación con Tom Sharupi, por aquel entonces jefe de comunicación de la CONFENIAE (Confederación de Nacionalidades Indígenas de la Amazonía Ecuatoriana) y originario del pueblo shuar del Amazonas (una de las once nacionalidades del Amazonas ecuatoriano).

Hoy en día me desenvuelvo mejor en un territorio tribal que en el centro de Madrid, pero por aquel entonces era diferente. «¿Y por qué quieres entrar en nuestras comunidades? ¿Cuál es tu objetivo? ¿Podemos confiar en ti? ¿Cómo puedes ayudarnos?». Por supuesto, estaba seguro de que mis intenciones eran las mejores, pero muchas veces dudaba de si me estaba expresando de la forma correcta. Bueno, esa es la magia de las primeras veces.

El caso es que finalmente pudimos organizar un recorrido de tres semanas a través de diferentes territorios amazónicos en los que viví con los pueblos cofán, waorani y shuar. Claro que las comunidades no eran las más profundas y aisladas, pero yo estaba inmensamente feliz porque había conseguido establecer aquel primer contacto. Volvería poco después.

Con el paso de los años (y las cinco o seis veces que he estado en Ecuador), seguiría ese fascinante camino a través de las demarcaciones de las diferentes nacionalidades indígenas. Caminando durante horas, navegando varios días a través de los ríos o incluso en avioneta, conseguía internarme cada vez más en sus secretos. Así, conviví con los pueblos achuar, sápara, kichwa o shiwiar.

En 2022, me encontraba viajando de nuevo por América cuando surgió la oportunidad de ingresar otra vez en el territorio waorani (la última nacionalidad en ser contactada en Ecuador, en los años sesenta), aunque en esta ocasión parecía que podría ir a una región mucho más profunda y recóndita.

El objetivo era la mítica comunidad de Bameno, en el Parque Nacional Yasuní.

Para lograr llegar hasta ellos, debíamos navegar durante más de diez horas a través de los ríos Shiripuno y Cononaco, atravesando las peligrosas zonas donde habitan los «no contactados».

La llamada «frontera amazónica de los no contactados» se ubica en la zona limítrofe de Perú, Brasil y Bolivia, y es hogar del mayor número de pueblos indígenas aislados del mundo, que tienen el control de sus tierras, prosperan. Sin embargo, en otras áreas, la exploración petrolera, la tala ilegal de madera, el narcotráfico y la construcción de carreteras representan una amenaza para sus vidas. Aunque sabemos muy poco acerca de ellos, sí es evidente que estas comunidades a menudo rechazan el contacto con el mundo exterior debido a la terrible violencia y las enfermedades que han llevado consigo los foráneos.

En Ecuador todavía existen dos grupos étnicos no contactados, los tagaeris y los taromenanes. Ambos son «primos» de estos mismos waoranis, que decidieron renegar de los contactos de la ciudad y replegarse a las regiones más profundas de la selva.

No exagero cuando hablo de peligro: si te cruzas con ellos, puede que estés muerto antes de que los veas. Los propios waoranis cuentan que tagaeris y taromenanes son altos y fuertes, muy rápidos, y que se mueven ágiles y veloces a través de la selva. También son muy silenciosos, así que tampoco los oyes llegar.

Alcanzamos Bameno en mitad de la madrugada y nos dispusimos a descansar en una de las cabañas de madera, pues teníamos varios días por delante. Este lugar, una comunidad con mucha historia, es interesante por diferentes cuestiones. La primera es que es un sitio donde las antiguas tradiciones y técnicas de caza aún perviven. Allí vivía también el último chamán waorani (que tristemente ha fallecido mientras escribo este relato, en marzo de 2023). Además, cabía la posibilidad de conocer a una niña taromenane (una larga historia que contaré en otra ocasión). Fueron días muy especiales en los que conseguí comprender la fuerte identidad que los waos tienen como pueblo y conectar de una forma mucho más cercana con ellos.

Hago una especial mención a quien me propuso esta expedición, Moi Guiqita, descendiente directo de la primera persona contactada del pueblo waorani.

Recuerdo aquella fresca noche en la que, tras haber cazado un mono y un pequeño cerdo salvaje, descansábamos junto a un fuego en la comunidad y Moi decidió contarme la historia de su abuela…

Moi Guiqita

Kemperi Baihua es el último chamán. Dice que, cuando era pequeño, solía venir un jaguar que normalmente lloraba. Lo escuchaba llorar y su espíritu lo acompañaba. Desde entonces, su esencia está en él. A su padre, que también era chamán, también se le presentaba su espíritu.

El jaguar es una criatura importante para nosotros. Cuando alguien muere, se le entierra en la selva, y entonces llega el jaguar y recoge su espíritu. El jaguar crece con el espíritu de la persona.

La ayahuasca solo se utiliza para curar al enfermo, porque de otra manera está prohibido tocarla. Si lo hicieras, vendría el jaguar a hacerte daño. Los chamanes son elegidos por el jaguar, por la naturaleza, pero con la entrada de las petroleras y otros elementos del mundo moderno, el jaguar se ve amenazado. Esto está haciendo que se extingan también los chamanes.

El jaguar es el principal depredador del Amazonas, y además es símbolo de poder para muchas culturas americanas, pues representa la energía de la naturaleza y se le considera protector de la selva. Su nombre proviene de las lenguas tupí y guaraní de Sudamérica, de la palabra *yaguareté* («verdadera bestia feroz y que mata de un salto»). El jaguar es un depredador de la cima de la cadena alimentaria que principalmente se activa durante la noche y necesita un amplio territorio para sobrevivir. Sin embargo, la deforestación y las actividades agrícolas han invadido su hábitat, lo que ha resultado en la reducción gradual de su área de distribución y la fragmentación de las poblaciones de jaguares.

Anteriormente a 1960, antes del primer contacto con la civilización, mi abuela, Dayuma, pertenecía a un clan que fue atacado una noche como cualquier otra.

Pero mi abuela sobrevivió porque corrió hacia el río Curaray con su hermano menor. Le dijo que tenía que correr, que tenía que correr hacia el sur, mientras que ella corrió hacia el norte para poder sobrevivir. Tiempo después, mi abuela llegó a la hacienda de un español que tenía muchos indígenas y esclavos. Allí fue convertida en esclava también durante unos tres o cuatro años.

El río Curaray es un importante afluente en Sudamérica del Amazonas, que fluye a través de las selvas del este de Perú y el oeste de Brasil. Es conocido por su gran biodiversidad y belleza natural, con una amplia variedad de especies de plantas y animales que viven en sus riberas y aguas. También es conocido por su importancia histórica, ya que fue uno de los principales escenarios de la expedición de 1947 llevada a cabo por el misionero estadounidense Jim Elliot y sus compañeros. A pesar de su importancia cultural y ambiental, el Curaray ha sufrido agresiones como la tala ilegal, la minería y la exploración petrolera en la región, lo que ha generado preocupaciones por el impacto en el medioambiente y las comunidades locales.

Tiempo después, llegaron los misioneros, que ya estaban recorriendo Ecuador desde hacía tiempo. Había un grupo llamado Instituto de Verano de Lengua, y alguien de ese instituto, una misionera, había oído la noticia de que había una mujer waorani en aquella hacienda. La misionera logró localizarla y la compró como esclava pagando con dólares.

Transcurrido el tiempo, las petroleras comenzaron a instalarse en la zona, aunque tuvieron muchas dificultades, sobre todo porque eran atacadas por las tribus en cuanto intentaban entrar en determinados territorios.

Entonces hubo un momento en que los misioneros, al tratar de evangelizar a mi abuela, descubrieron que en ella residía un gran poder. La cuestión es que los petroleros entregaron mucho dinero a los misioneros para que lograran evangelizar a mi abuela y así transmitir la idea de que las petroleras eran buenas.

Más tarde, llevaron a mi abuela a Estados Unidos para que conociera más sobre el Evangelio y aprendiera mejor aquella lengua extranjera, el inglés. Sin embargo, todo era mentira. La verdadera intención de llevarse a mi abuela era experimentar con ella. Porque creían que ella era especial, porque presentaba gran inmunidad a ciertas enfermedades.

Dayuma Caento, también conocida como Irumengomo o Dayuma Kento, fue una mujer huaorani (waorani) que desempeñó un papel crucial en el establecimiento del primer contacto pacífico entre su pueblo y los misioneros evangélicos y otros forasteros en la década de 1950 en Ecuador. Nacida en la selva amazónica, Dayuma fue la primera huaorani en ser contactada por personas ajenas a su comunidad y en aprender español.

Un día apareció la noticia de que un grupo de misioneros había sido asesinado por varios waoranis. Los misioneros persistían en su intento de evangelizar. Probaron con varias estrategias. Por ejemplo, lanzar regalos desde un hidroavión. Pero los waoranis temían aquel artefacto porque consideraban que era alguna clase de criatura desconocida, una especie de insecto gigante.

En una ocasión, el hidroavión aeroplano amerizó en el río. La comunidad se aproximó. Muchos cuentan que fue la comunidad la que atacó a los misioneros que iban en aquel avión. Pero no es verdad. Esos misioneros estaban armados. Los waoranis fueron agredidos en primer lugar. No fue una matanza de misioneros, fue un conflicto armado: unos con armas de fuego, otros con lanzas. Muchos fallecieron aquel día.

Esto es algo que no te cuentan nunca en los documentales que se realizan de este lugar, donde se presenta a los misioneros como inocentes o como venerados por los waoranis. La Iglesia también omite esta parte de la historia; como en los demás conflictos, en los que parece que los misioneros siempre son inocentes, cuando en realidad no es así.

La noticia no tardó en llegar a mi abuela, que decidió regresar a casa para comprobar que todo estaba bien. Cuando llegó a Ecuador, trató de dialogar con las mujeres de los misioneros para pedirles perdón por lo ocurrido. Entonces, mi abuela pudo ver unas filmaciones de lo allí sucedido, y descubrió casualmente a su hermano.

Así que decidió adentrarse en el territorio para contactar con su hermano, que, al verla, desconfió de ella. No se creía que todavía estuviera viva. Pensaba que era un fantasma porque él la había visto morir en sus sueños.

Mi abuela, sin embargo, quiso llevar a su hermano por el buen camino. Le dijo que todas aquellas creencias estaban mal, y trató también de evangelizarlo a él y a los demás.

Juntó a varios clanes en uno y, uniéndolos, pidió ayuda a otras misioneras para convertirlos al cristianismo. Pero, al entrar en el territorio, una de ellas llevó a un niño que tenía gripe. La mayoría de los waoranis se contagiaron de la enfermedad y casi todos fallecieron.

Los huaoranis, también conocidos como waoranis, son un grupo indígena que habita en la Amazonía ecuatoriana, principalmente en las provincias de Pastaza, Napo y Orellana. Los huaoranis han vivido en estas selvas tropicales durante siglos, y su población se estima en torno a dos mil y cuatro mil personas. Los huaoranis han desarrollado una estrecha relación con la naturaleza, que se refleja en su estilo de vida y sus prácticas culturales. Viven en pequeñas comunidades llamadas «tambos» y sus viviendas tradicionales son chozas hechas de materiales naturales, como palma y madera. También son conocidos por sus habilidades en la fabricación y el uso de lanzas y cerbatanas, que emplean para cazar animales en la selva.

Los huaoranis se enfrentan a numerosos desafíos en el mundo moderno, incluida la presión sobre su territorio y sus recursos debido a la expansión de la industria petrolera, la tala y la minería en el Amazonas. Estas actividades han causado la degradación del medioambiente, la pérdida de biodiversidad y la invasión de sus tierras ancestrales. Además, la exposición a enfermedades llevadas por personas ajenas a la comunidad ha sido un problema grave para ellos, ya que carecen de inmunidad natural contra muchas enfermedades comunes.

De modo que mi abuela sintió arrepentimiento. Después de todo lo que había hecho por los misioneros, se dio cuenta de que el territorio solo había recibido muerte, petroleras y minería ilegal, entre otras cosas. Hubo derrames de petróleo, enfermedades, cáncer. Muchos muchos murieron.

Siempre se ha idealizado la evangelización como una especie de cura para los pueblos indígenas, cuando en realidad fue más una enfermedad.

Moi trabaja con el objetivo de fomentar el valor de la identidad en las nuevas generaciones indígenas. Para ello, organiza encuentros con jóvenes de diferentes regiones del país, con el fin de compartir conocimientos, educarse mutuamente y aprender sobre las culturas, idiomas, tradiciones y dificultades de cada etnia. La globalización y la falta de práctica de los idiomas nativos han llevado a la pérdida de tradiciones en las nuevas generaciones indígenas, lo que a menudo resulta en un estilo de vida cada vez más occidentalizado. Con estas iniciativas, Moi busca preservar la rica herencia cultural de estas comunidades y promover la diversidad cultural.

Totalmente arrepentida, las energías de mi abuela se concentraron en proteger a los pueblos indígenas. Trató de que se hicieran resistentes y resilientes a aquella invasión exterior que solo buscaba el negocio y la explotación. Gracias a eso, nuestro pueblo no ha desaparecido.

Recuerdo que, con unos diez años de edad, observaba a mi abuela. Ella ya tenía alzhéimer, pero seguía viendo documentales en televisión o leyendo libros que hablaban de ella. Mucha de esa información tergiversa su verdadera historia.

Por eso quiero contarte esto a ti. Para que se lo comuniques al mundo tal y como fue.

5

El infierno en el Bronx

Bogotá (Colombia)

Loco mundo en el que vivimos. Desde el principio de los tiempos, nuestra historia como humanos se ha basado en una consecución de guerras por el poder. Avaricia y ambición desmedida. Unas pocas familias poderosas que concentran la mayoría de las riquezas del planeta controlan el porvenir del resto de los mortales. Organizan las guerras, dirigen la economía y manejan los medios de comunicación de este mundo globalizado. Estas personas (que actúan desde la sombra) aparecen en mi cabeza como individuos malvados, que incluso disfrutan mientras ven cómo los ciudadanos de a pie nos enfrentamos entre nosotros. De esta forma, ellos se alejan de los focos.

Y la situación actual no es mejor que antaño. La diferencia de clases continúa siendo abismal. Mientras algunos tienen tanto dinero que ni sus nietos alcanzarían a gastárselo y disfrutan de un lujoso caviar iraní acompañado con Dom Pérignon 1959 en su yate de ochenta metros de eslora con acabados en oro, otros lloran cada noche en su insalubre apartamento de treinta metros cuadrados con grietas y humedades porque no pueden dar de comer a sus hijos y el casero los echa a la calle al mes siguiente.

Y no es necesario comparar el nivel de vida de Finlandia con el de Burundi o las exclusivas fiestas en islas del Mediterráneo con campamentos de refugiados en Sudán del Sur. También podemos encontrar estos contrastes en un mismo país e incluso en una misma ciudad.

Encontramos urbes en las que altos rascacielos de oficinas comparten acera con hileras de chabolas construidas en plástico y palés, originándose así un choque de realidades que ni siquiera se comprenden la una a la otra. Áreas de mansiones con jardín y piscina enfrente de humildes barrios con problemas de robos, prostitución y drogas. Bueno, es probable que haya más droga en las mansiones, pero ese es otro asunto.

El tema es que son precisamente esas zonas humildes y trabajadoras (con sus problemas, por supuesto) las que me han atraído para visitarlas y documentarlas. Soy consciente de que estos reportajes tendrán muchas visitas, el morbo que supone para el espectador conocer de cerca entornos como estos así me lo asegura. Y, además, son fáciles de filmar: no hace falta producción alguna, una cámara en mano es suficiente para grabar todo en primera persona. Pero, evidentemente, no son esos mis motivos.

En muchos de esos hogares se ocultan historias de lucha y superación. Familias trabajadoras y talentos ocultos, también mucho sufrimiento del que nadie se hace eco, que nadie reivindica. El padre que se levanta todos los días a las cuatro de la mañana para trabajar y poder llevar alimento a la casa. El joven que comparte el sándwich con su hermano pequeño para que los dos puedan merendar. O la madre que perdió a sus dos hijos en las luchas entre bandas. La posibilidad de conocer de cerca estas realidades y caminos de vida es lo que más llama mi atención cuando llego a lugares así.

Latinoamérica es un buen ejemplo si queremos hablar de contrastes y desigualdad. También de esfuerzo y trabajo, claro. Luchando contra esos gobiernos, muchas veces corruptos e incluso criminales. En varios países de la región terminé grabando en esos barrios considerados como peligrosos y marginales, temidos hasta por los mismos habitantes de esas ciudades. En Ciudad de México entré en Tepito y recorrí su famoso mercado. En Caracas exploré los cerros Petare. O en Buenos Aires documenté diferentes temas en el Fuerte Apache y la Villa 31.

Naturalmente, entre todas esas historias de superación también encontré realidades muy duras. Señoras mayores que no podían acceder a su casa porque había un tiroteo en su calle. Niños de doce años consumiendo cocaína con un chándal roto y una pistola en la goma de la cintura. O familias que no podían visitar a sus muertos en el cementerio porque este había caído bajo el dominio de las bandas, que profanaban las tumbas para hacer rituales con los huesos. Historias crudas que, sin duda, son difíciles de digerir.

¿Cómo puede alguien vivir en una situación así? Supongo que no queda otra que hacerse fuerte (casi insensible) y continuar luchando.

Pero si tengo que destacar un lugar por su terrible situación y exagerada crueldad, ese es el Bronx de Bogotá, en Colombia. Cuando llegué ya había sido desmantelado dos años atrás, pero aún quedaban las ruinas de aquel asentamiento del terror. Y allí conocí a Gabriel, quien había vivido en esos edificios durante años y me definió el lugar como «la República Independiente del Consumo de las Drogas». Se trata del mayor punto de venta de droga de la capital colombiana y donde la policía no entra por ser una «zona de tolerancia».

La zona recibió el nombre del Bronx en referencia al barrio neoyorquino que, en el pasado, también sufrió problemas similares de criminalidad. A lo largo de los años, las autoridades colombianas han puesto en marcha numerosos operativos para enfrentar el crimen en la zona y mejorar las condiciones de vida de sus habitantes. En 2016, bajo la administración del entonces alcalde de Bogotá, Enrique Peñalosa, se llevó a cabo un operativo de gran envergadura llamado operación Liberación del Bronx, que desalojó a los delincuentes y desmanteló la infraestructura criminal en la zona. Sin embargo, Gobierno y policía actuaron en connivencia con los peces

La sustancia más consumida era el basuco, «basura de coca», una pasta base de cocaína y de bajo costo. Lo fumaban en pipa. No solo había drogadictos de la calle, también gente de clase alta iba a comprar a ese lugar. Allí podías conseguir de todo, como decía Gabriel, «desde una aguja hasta un portaaviones».

Ni siquiera era una zona de viviendas. Se trataba simplemente de dos calles controladas por las bandas y dedicadas a la venta y consumo de estupefacientes, donde también podía verse prostitución (incluso infantil) y, a menudo, se cometían asesinatos. Lo más curioso es que ese universo de la destrucción y el mal emergía como un cáncer en el mismo centro de la ciudad de Bogotá.

Incluso hubo un famoso programa televisivo español que entró en esa zona: *En tierra hostil*. Allí me dijeron que el hombre que les dio acceso a las casas de consumo fue fuertemente castigado tras la emisión del episodio.

El basuco, también conocido como «bazuco» o «paco» en algunos países, es una droga ilegal derivada de la cocaína. Se trata de un subproducto de baja calidad y altamente adictivo que se obtiene durante el proceso de fabricación de esa droga. Se elabora a partir de los residuos de la cocaína que quedan después de la extracción del clorhidrato de cocaína. Estos residuos se mezclan con químicos tóxicos como el queroseno, la gasolina y el ácido sulfúrico, lo que le confiere a la droga un alto grado de toxicidad. La sustancia resultante es un polvo amarillento o marrón, de aspecto similar al crack, pero mucho más impuro y peligroso. Los efectos del basuco incluyen euforia, aumento de la energía, agitación, paranoia, alucinaciones y agresividad.

Como digo, cuando llegué ya no había gente en el asentamiento y, además, un perímetro policial controlaba el acceso. Los consumidores que frecuentaban el lugar no habían desaparecido, solo habían sido repartidos por otras zonas de la ciudad. Decían que todo eso iba a ser demolido y que iban a construir un centro comercial, aunque no sé qué ocurrirá finalmente.

La cuestión es que allí conocí a un policía, el sargento Portilla, quien me permitió atravesar dicho perímetro. Y así comencé a recorrer el Bronx con Gabriel, mientras escuchaba cómo era todo algún tiempo atrás.

Gabriel Alexander

Nací en una familia disfuncional y tuve una infancia muy difícil. A menudo, lo que había en la calle, aunque fuera peligroso, era mucho mejor que la violencia que había en mi propio hogar. Papá golpeaba a mamá y mamá nos golpeaba a noso-

tros, que éramos tres hermanos. Así que, a partir de los doce años de edad, pasaba todo el tiempo que podía en la calle.

En aquel entonces no había celulares. La televisión era la única distracción, pero nosotros no contábamos con una. De modo que mi único apoyo eran mis amistades de la calle. El problema es que, al asociarme con la clase de gente que allí me encontré, empecé a adquirir hábitos callejeros. Lo que llaman aquí las «malas mañas». Como dice el cantante Héctor Lavoe, «La calle es una selva de cemento».

Poco a poco, fui conociendo la gran mayoría de drogas del mundo. La que más consumía era el basuco y el alcohol. Y con veintipico años, mi consumo de sustancias ya era totalmente incontrolable. No podía parar. Todo el dinero que conseguía era para drogas. Y, para sobrevivir, andaba siempre armado con un cuchillo, como mínimo.

Incluso a pesar del caos de mi vida, acabé teniendo una hija. Este es un tema tan delicado para mí que, cada vez que lo menciono, me quiebro.

Finalmente, migré hacia el centro de Bogotá, donde las sustancias eran más económicas y no estaba tan mal visto que te pillaran consumiendo en la calle. Llegué a una «olla» llamada JR, en el barrio de Santa Fe. Y, poco a poco, fui aprendiendo a moverme por allí, y acabé ayudando a dar entradas y salidas. Empecé como campanero (persona encargada de alertar a los demás miembros de la organización cuando la policía o alguna autoridad se acerca a la zona) y, más tarde, como portero (quien controla el acceso a la olla o al lugar donde se realiza la venta de drogas).

Hasta llegué a ser taquilla, es decir, la persona encargada de recolectar y guardar el dinero que se obtiene de la venta de drogas. En otras palabras, el taquillero es el encargado de las finanzas de la operación ilegal.

Una *olla* es un lugar o zona donde se concentra la venta y consumo de drogas ilegales. Este término se utiliza comúnmente en Colombia para describir áreas urbanas con alta actividad de tráfico y consumo de sustancias ilícitas, así como la presencia de delincuencia y violencia asociadas a este fenómeno. El mercado de drogas se organiza para mantener y aumentar la demanda, con un sistema que incluye ollas principales, periféricas y expendios callejeros. El Bronx, situado cerca de la plaza del Voto Nacional, en el centro de Bogotá, albergaba una densa población de diversas clases sociales, con predominio de personas sin hogar. Como una especie de olla principal, ofrece una amplia gama de productos, incluyendo alcohol artesanal, comercio de objetos robados y armas.

El Bronx, Santa Fe, La Favorita y San Bernardo son barrios hermanos, porque son zonas que toleran el consumo. Era muy fácil migrar de un barrio al otro porque no había mucha distancia entre ellos. Así es como también llegué al Bronx como cliente asiduo.

Todo el dinero era para la droga. Todo. Para comer, pedía. Para tener cosas, reciclaba. Pero si ganabas alguna moneda por hacer algún trabajo o porque robabas, entonces ese dinero era para la droga. Hice cosas de las que no me siento nada orgulloso. Uno no pensaba en una habitación para dormir porque podía dormir en la calle, aunque algunas noches pudieras estar a 4 °C. Lo importante era la siguiente dosis. Porque uno era un comemierda a la carrera.

Así estuve siete años de mi vida. Trabajando por y para la olla.

Una noche, cuando me quedé sin dinero para consumir, me expulsaron de allí. Si quería volver, tenía que conseguir más dinero. Era de noche y hacía mucho frío. Además, estaba lloviendo muy fuerte. Por aquel entonces yo tenía barba y se me congeló. Mis manos estaban entumecidas. Creí de verdad que esa noche me iba a morir. Por fortuna, amaneció, salió el sol y sobreviví. Pero jamás olvidaré aquella noche.

Me sentí tan desprotegido que aquella experiencia se sumó a mi decisión de dejar la calle de una vez por todas. Entonces, el 28 de mayo del 2016, hubo un gran operativo y cerraron la olla del Bronx por más de un mes. Eso también fue un momento crítico, porque en el Bronx, aunque te gastaras toda la plata, te dejaban quedarte, pero en el resto de las ollas, no. Así que los primeros días tras la caída del Bronx, las calles de Bogotá se llenaron de consumidores desesperados. La delincuencia aumentó enormemente. La calle se volvió complicada para mucha gente.

Todo eso, unido al hecho de que ya no me reconocía cuando me miraba en un espejo, hizo que finalmente diera el gran paso hacia la rehabilitación. Fue una decisión que tomé solo ocho días después de que se cerrara el Bronx.

Ahora tengo treinta y ocho años. Es difícil volver aquí, a la olla más grande de Bogotá, la del Bronx. A pesar de que estuve viviendo unos siete años en este lugar, me resulta extraño. Un rincón del mundo donde la muerte estaba presente a cada minuto. Tanto que estamos casi en una especie de fosa común, un cementerio de tres calles.

Porque aquí han existido «descuartizadores de personas», y gente realmente peligrosa, como los Sayayines.

Los Sayayines, que tomaron su nombre del anime *Dragon Ball Z*, llegaron a contar con cien miembros y muchos provenían del Cartucho. Protegían la zona del Bronx y gestionaban las finanzas del microtráfico. Se posicionaban en lugares estratégicos. Incluso en los edificios más altos, instalaron puestos de vigilancia que informaban sobre cualquier sospechoso o irregularidad a la central de comunicaciones. Además, eran los responsables de identificar quién ingresaba en el sector. Se les acusa de la desaparición de varios agentes encubiertos que, en diferentes ocasiones, intentaron adentrarse en la zona para desenmascarar al líder de la banda criminal. Acababan asesinados y descuartizados, al igual que numerosos adictos o distribuidores endeudados con los jefes de los Ganchos (una poderosa familia que controlaba el Bronx de Bogotá.).

Los Sayayines eran gente armada, gente dura. Si decidían hacer desaparecer a una persona que tenía alguna cuenta pendiente, o que había hecho algo realmente ofensivo, como meterse con un Saya, entonces se hacía a conciencia. A veces se empleaban perros pitbull que destrozaban a un ser humano en quince minutos. También había un cocodrilo para algunos casos, que devoraba a la víctima. Los restos se enterraban. Otros decían que se usaban canecos de ácido para disolver el cadáver, y los restos de huesos que no se disolvían se molían y se mezclaban con la droga.

A veces no te mataban. Si cometías un pequeño desliz, como robar droga o cagarla con alguien, entonces te podían atar y dar unos tablazos que te desprendían hasta la piel.

Si te veían hablando con la policía, entonces te convertías en un sapo. Si eras un sapo, no te querían en ningún lado. Pero la policía no era tu amiga. Incluso a veces ellos mismos te entregaban a los Sayayines si eras un caso peligroso o si te cazaban cometiendo demasiados delitos en la calle. La policía sabía que los Sayayines hacían desaparecer por completo a cualquier persona. Para siempre. Dejabas de existir.

La historia de la Casa de Pique es uno de los relatos más escalofriantes asociados con el Bronx. La Casa de Pique era un lugar donde, según los informes, se desmembraba y torturaba a personas. Aunque es difícil confirmar la veracidad de estos testi-

Más que un lugar para habitar, el Bronx era un sitio donde había un continuo tránsito de gente. Por aquí, en un día normal, podían llegar a pasar dos mil o tres mil personas. Entrando y saliendo, entrando y saliendo.

Afortunadamente, creo que se están dando buenos pasos para recuperar a aquellos que se encuentran sumidos en la drogadicción para que se integren en la vida social. Esa es parte de mi labor ahora como funcionario público en la alcaldía de Bogotá. En la medida de mis posibilidades, intento persuadir a los chicos para que tomen la decisión de dejar la droga y, después, dejar la calle. Y para convencerles de que eso es posible, me pongo a mí mismo como ejemplo.

Yo soy la prueba de que se puede salir, y también de que Bogotá es mucho más que el Bronx. El Bronx solo es un pequeño foco de la ciudad que nunca debería haber existido.

1. La solidaridad entre habitantes: a pesar de las difíciles condiciones de vida, algunos habitantes del Bronx se unían para cuidarse mutuamente. Compartían alimentos y se protegían en situaciones de peligro. Esta camaradería mostraba que, incluso en las circunstancias más adversas, el espíritu humano puede prevalecer y encontrar lazos de unión.

2. El arte como resistencia: en medio de la desolación y la violencia, algunos habitantes del Bronx encontraron en el arte una forma de expresión y resistencia. Grafitis y murales en las paredes de los edificios reflejaban la realidad de la vida en el Bronx y, al mismo tiempo, servían como un recordatorio de que la belleza y la creatividad pueden florecer incluso en los lugares más oscuros.

3. El renacimiento del Bronx: después de la intervención del Gobierno y la demolición de gran parte del área, algunos antiguos habitantes del Bronx han logrado reconstruir sus vidas y han compartido sus historias para ayudar a otros en situaciones similares. Estos relatos de superación y resiliencia son un testimonio del poder del cambio y la esperanza.

4. La iglesia del Bronx: en medio de este entorno, había una pequeña iglesia que abría sus puertas a los habitantes del barrio, proporcionándoles un lugar seguro para reflexionar y encontrar algo de paz en medio del caos. A pesar de los riesgos, el sacer-

Yo vivía sobre la avenida Caracas, una de las vías principales que atraviesa la ciudad. Un día vino uno de los llamados Ángeles Azules, que me hizo ver que yo, como ser humano, tenía valor. Ellos me sacaron de mi mal camino. Pero soy consciente de que el ser drogadicto es un proceso que dura el resto de tu vida. Debo estar en constante contacto con gente que también vivió mi problema y sigue adelante para continuar aprendiendo hábitos positivos. Es una carrera de fondo.

Porque, incluso a día de hoy, me puede salir la locura y perder todo lo que he conseguido. Por eso siempre quiero pensar que si tú haces las cosas bien, te irá bien; pero si tú haces las cosas mal, te irá mal. Nada mejor que ser una buena persona y compartir esa humanidad con los demás.

6

Contactos alienígenas en el desierto

Baja California (México)

Joder, se me ponen los pelos de punta. Todavía siento esa emoción. Ese lugar me hace vibrar. Y es que Baja California es única en el mundo.

Dicen que, cuando llegas, no te quieres ir. Los pueblos de este estado mexicano están cada vez más habitados por extranjeros que fueron de vacaciones y se acabaron quedando allí para siempre. Y algunos se preguntarán: pero ¿por qué? ¿Qué tiene? ¿Son los paisajes más increíbles del mundo? Es tan extraño que no lo sé explicar. No sé qué tiene pero engancha. Hay lugares que son así, que poseen un imán que te atrae irremediablemente hacia ellos.

Baja California es la región vitivinícola más importante de México y hogar de la Ruta del Vino en el valle de Guadalupe. Allí se produce más del 90 por ciento de los vinos mexicanos, y la región cuenta con más de cien bodegas. Este estado también cuenta con una gran diversidad de paisajes, desde el árido desierto de El Vizcaíno, que es Patrimonio de la Humanidad, hasta las espectaculares formaciones rocosas y playas vírgenes del Parque Nacional Cabo Pulmo.

En enero de 2021, empecé con mi serie de reportajes sobre los mares y su fauna: *Secretos de los océanos*. Había filmado en el Caribe mexicano (cenotes, pecios y tiburones toro) y también en las islas Galápagos (Ecuador). El siguiente destino, cuatro meses más tarde, debía ser Baja California Sur, el lugar donde convergen el océano Pacífico y el mar de Cortés, ruta migratoria de gran cantidad de especies marinas (diferentes ballenas, todo tipo de tiburones, orcas…) y denominado por el mismísimo Jacques Cousteau como «el acuario del mundo». Literalmente es ese lugar donde todo puede ocurrir cuando saltas al agua. Así que decidí comenzar la aventura en Tijuana y hacer un *road trip* hasta La Paz (capital de Baja California Sur).

La península de Baja California alberga uno de los fenómenos naturales más impresionantes del mundo: la migración anual de la ballena gris. Cada año, entre diciembre y marzo, miles de ballenas grises llegan a las lagunas de la costa para aparearse y dar a luz a sus crías. Anualmente, recorren entre dieciséis mil y diecinueve mil kilómetros desde las frías aguas del Ártico hasta las cálidas lagunas costeras de Baja California. También son conocidas por su comportamiento amigable y curioso hacia los humanos. Durante la temporada de reproducción, las ballenas grises se congregan en las lagunas de Baja California, y es común que se acerquen a los botes turísticos e incluso permitan que los visitantes las toquen y acaricien.

Llegamos a Tijuana, una de las ciudades más azotadas por la violencia y el narcotráfico en todo el país. Este era nuestro punto más al norte, limítrofe con Estados Unidos. Visitamos la frontera (el muro de Donald Trump), descansamos un par de días y bajamos hacia Ensenada, la siguiente ciudad y una de las regiones más biodiversas de la nación. Allí nos reunimos con Lucas Petroni, argentino residente en México desde hacía varios años. Desconocido hasta ese día, gran amigo en la actualidad.

Por entonces, Lucas tenía una Toyota Tacoma 4 × 4 de 2001 con *pop-up tent shell*, un tipo de tienda de campaña diseñada para ser instalada y utilizada en el techo de un vehículo, y también se dirigía hacia el sur. Así que nos invitó a acompañarle. Él se estaba preparando para dar la vuelta el mundo y todavía le quedaban un par de aspectos por ajustar en el vehículo, de manera que pudimos descansar un día más en Ensenada antes de comenzar.

Nos dirigimos primero a la laguna de Hanson, dentro del Parque Nacional Constitución de 1857. Allí pudimos explorar los inmensos bosques de pinos e incluso acampar, pero por la época del año que era (mayo) no había laguna.

En Baja California se halla el Parque Nacional Constitución de 1857, un área protegida que alberga la laguna Hanson, un espectacular lago rodeado de granito y bosques de pino y encino. La laguna se congela en invierno, lo que hace de este lugar una estampa única en México.

Desayunar en México significa huevos con chorizo y tortitas; me encanta. Continuamos hacia el sur.

Días de carretera, pero días mágicos. Conocíamos el destino, pero no teníamos decidida la ruta. Podíamos improvisar por el camino, dirigirnos a cualquier lugar. Libertad. Con el 4 × 4 acampábamos en diferentes rincones, playas o montañas. Cuanto más perdidos, mejor. Los paisajes eran hermosos y, a cada kilómetro, el entorno parecía más y más inhóspito. Ese vehículo era nuestra casa y nuestro transporte. Además, como también llevábamos comida, no necesitábamos nada ni a nadie. Lucas ya había hecho la ruta un par de veces años atrás, así que sabía lo que hacía.

Al día siguiente, llegamos a un entrañable poblado de unos ciento cincuenta habitantes llamado Cataviña, en medio de un desierto de igual nombre. El gran y místico desierto de Cataviña, tierra de mitos y leyendas (y mucha historia). Recuerdo arribar al pueblo a través de una vieja carretera, con el depósito casi vacío. Encontramos a un señor sentado en una silla en el centro del lugar. A su lado, unas tablas de madera con garrafones desgastados. Eso era la gasolinera.

Cataviña es una pequeña localidad situada en el corazón de la Reserva de la Biosfera El Vizcaíno, en Baja California. A pesar de su tamaño y ubicación remota, Cataviña es conocida por su paisaje desértico único y sorprendente, que atrae a viajeros y amantes de la naturaleza.

Rellenamos el tanque y continuamos hacia un bar junto a un campo arenoso repleto de antiguos vehículos oxidados (no solo había chatarra, también automóviles de colección). Pertenecían ambos, bar y coches, a la familia de Ian, viejo amigo de Lucas. Nos lo presentó. Él iba a ser nuestro guía local durante esos días, y qué fortuna la nuestra. Ahora íbamos en su vehículo 4×4… Yo ya echaba en falta la vieja Tacoma.

Comenzamos a recorrer caminos a través del desierto, salvaje e inhóspito, con muchas zonas aún por explorar. Ese ecosistema parece extraído de una película de ciencia ficción. Es un paraje arenoso de difícil acceso por sus enormes rocas y con enormes cirios y otros cactus de metros de altura. Por otro lado, los cirios, también conocidos como «árboles del desierto» o *boojum*, en inglés, tienen una forma alargada y retorcida, que les da un aspecto casi extraterrestre. Estas plantas pueden crecer hasta veinte metros de altura y su tronco retorcido y espinoso les confiere una apariencia única e inusual.

Pudimos descubrir, maravillados, cantidad de pinturas rupestres de hace más de diez mil años. Desde formas y dibujos simples, como líneas o círculos, hasta murales compuestos de animales y formas humanas. Aquí llega uno de los grandes misterios: también dibujaban humanos gigantes. No son pocas las culturas del mundo que hacen referencia a gigantes que poblaban nuestro planeta en la Antigüedad. Los grupos étnicos que realizaron estas manifestaciones artísticas también debían de ser de gran estatura. Muchas veces pintaban en las mismas cuevas en que vivían, y la propia protección de estas formas rocosas es lo que hizo posible que sobrevivieran al paso del tiempo.

> Aunque las pinturas rupestres de Cataviña no son tan conocidas o estudiadas como las de la sierra de San Francisco (otra región de Baja California, famosa por sus pinturas), ofrecen una visión fascinante de las culturas prehistóricas que habitaron el área. Realizadas con pigmentos naturales como óxidos de hierro, carbón vegetal y arcillas, representan una variedad de figuras y símbolos, como animales, figuras humanas, manos y patrones geométricos.

La zona está repleta también de vestigios de los pueblos indígenas de la región. Un ejemplo son los cochimíes, nómadas que vivían de la caza y la pesca, y que también recolectaban. Encontramos círculos de encuentro de sus chamanes y antiguas puntas de flecha. Los jóvenes de estos grupos no podían comer liebre por la creencia de que los convertiría en infértiles.

Otro dato curioso es que creían que si eran bondadosos y cumplían con sus deberes en la vida, al morir su espíritu iría hacia el norte y, en caso contrario, hacia el sur. Relacionaban el norte con tierras fértiles y abundantes en alimentos, y el sur, con un lugar afectado por sequías y hambrunas.

Estos grupos habitaron estos lares hasta la llegada de los colonizadores y las misiones cristianas. Desde entonces, se les obligó a asentarse y trabajar, a rezar todos los días y a cubrirse con vestimenta occidental.

En la zona también desenterramos cantidad de diferentes fósiles marinos.

La dieta de los cochimíes se basaba en la recolección de plantas comestibles, la caza de pequeños mamíferos, aves y reptiles, así como la pesca en las costas y la recogida de mariscos. También fueron hábiles fabricantes de herramientas de piedra y artefactos de hueso y concha. A finales del siglo XVIII, la cultura cochimí había desaparecido prácticamente debido a la aculturación y la mezcla con otras etnias y colonizadores. Sin embargo, su legado sigue vivo en las pinturas rupestres y en la historia de la península de Baja California.

A través de diferentes senderos llegamos hasta una gran casa de dos plantas levantada por la familia de Ian. La habían construido durante años con materiales de la zona. Piedra y madera. Parecía mentira, estaba de lujo. ¡Menuda mansión! Allí pasaríamos la noche.

Cataviña, al igual que otros desiertos y parajes salvajes del planeta, es conocido por ser una zona de conexión entre diferentes mundos. Al menos eso cuentan algunos visitantes. Relatan diferentes encuentros con extraterrestres o seres de otras dimensiones. Ya os podéis imaginar la sensación de pasar una noche allí.

La familia de Ian también trabaja con el turismo a través de su proyecto La Bocana, por lo que diferentes viajeros han pasado por este terreno en el desierto. Era típico que grupos de amigos reservaran la casa para unos días; también personas en busca de encuentros paranormales.

La vivienda tenía un bello y amplio salón acristalado y, sobre su mesa de madera robusta, encontré un cuaderno. Era un libro para que los visitantes escribieran saludos, recuerdos o cualquier tipo de anotación. En mitad de la noche y, junto a un cálido fuego, comencé a leer.

En unos minutos, tenía los ojos como platos y estaba gritando por la casa: «¡Coño! ¡Tenéis que ver esto!».

En esas hojas había cantidad de historias y relatos paranormales, encuentros que los turistas habían vivido en aquel lugar. Algunos parecían bromas de jóvenes, por supuesto, pero me fijé en que algunas personas habían vuelto de forma continuada a ese lugar. Describían experiencias vividas en diferentes años. ¿Qué había de verdad en todo esto? Creo que la siguiente historia fue la que más me sorprendió.

Nota del libro

Un día de marzo de 2015

Sofía Landuño Buentillo

Son las 4.30 a. m. Me levanté porque algo rasgaba la puerta de la cocina. Agarré mi lámpara y me dispuse a encontrar un animalillo cualquiera. Cuál fue mi sorpresa cuando, al bajar la escalera, me encontré con varios seres sin rostro. Al verme se quedaron quietos en la misma posición en que los había encontrado. Ni siquiera podía escuchar si respiraban. No se podía percibir ni un movimiento. Parecían gárgolas estáticas en la oscuridad de la sala.

De pronto, empezaron a acercarse hacia mí y yo comencé a gritarle a [nombre tachado], pero me percaté de que gritaba para mis adentros, ya que mi cuerpo se había congelado. Paso a paso, esos seres vinieron hacia mí y comenzaron a sembrar una especie de semillas en algunas partes de mi cuerpo. La más dolorosa fue la que me insertaron en la garganta. Por un pequeño lapso de tiempo pude comunicarme con ellos.

—Aquí tu vida, allá Antrax sabe de ustedes —me dijeron.

—Existen donde no vamos, aléjense —respondí.

Es necesario que advierta a los visitantes que Cataviña podría ser un punto de encuentro, un puente entre universos, y que yo tuve suerte, pero los próximos podrían sufrir alguna especie de secuestro. Cuidado.

7

De furtivos a protectores del mar

Bahía de los Ángeles (México)

¡Cómo te cambia la vida dependiendo de dónde nazcas! Tantas veces ha rondado esa idea en mi cabeza durante los viajes… Joder, ¡es tan injusto!

Porque el lugar en el que nacemos y crecemos puede tener un impacto inmenso en nuestra vida, y determinar en gran medida nuestras oportunidades y nuestro bienestar. Muchas veces, el acceso a la educación, la atención médica y las oportunidades laborales pueden variar drásticamente de un país a otro, o incluso dentro del mismo país. Y la mayoría de las personas ni siquiera son conscientes de cómo el lugar en el que nacen influye en su vida, porque tienden a enfocarse en sus propias experiencias y en el entorno inmediato que les rodea.

Qué impotencia pensar que un joven huérfano lucha por seguir estudiando en África mientras un chaval español se salta las clases y vacila al profesor creyéndose el rey del mambo. Y hubo un tiempo en que yo también fui uno de estos últimos. Tardé años en darme cuenta de cosas que hoy en día considero importantes.

En ocasiones, no solo depende de dónde nazcas, si no de cuándo. No es lo mismo vivir en la España de los años cincuenta que en la de ahora. O abrir un negocio en Venezuela hace treinta años que en la actualidad.

El mundo está en constante evolución y movimiento y, por mucho que luches por tener el control, el dónde y el cuándo siempre serán factores clave. Muchas veces son solo detalles mínimos los que provocan grandes cambios en tu futuro.

Las grandes civilizaciones del mundo tienen su propia forma de ser en función de cuál ha sido el alimento base primordial. Así, básicamente, hay culturas que se han alimentado de tres tipos de grano: maíz (fácil de cultivar y muy rico en proteínas), trigo (sencillo de cultivar, pero pobre en proteínas) o arroz (rico en proteínas pero extremadamente difícil de cultivar). Las culturas basadas en el arroz y el trigo solían ser agrícolas y centradas en sí mismas, posiblemente debido al agotamiento energético que conllevaba el cultivo de esos cereales. Sin embargo, las culturas del maíz, como la maya y la azteca, disponían de tiempo y energía adicionales, que solían utilizar para enfrentarse a las comunidades vecinas. De acuerdo con este análisis, el auge del cultivo del maíz transformó a los aztecas en guerreros.

Por otro lado, también juega un papel fundamental el cómo te encuentres tú. Si la oportunidad de tu vida te llega demasiado pronto, puede que la desaproveches. También puedes dejarla pasar si llega muy tarde. Tal vez un tren de un único trayecto pase por delante de nuestras narices y, justo en esa etapa de nuestra vida, estemos cabizbajos y no nos sintamos capaces de afrontar grandes situaciones.

Así es el humano y su naturaleza. De este modo, otras veces parece que tenemos todo a nuestro favor y, aun así, parece que estamos fuera de lugar. Tenemos la «vida perfecta» y el futuro que la gran mayoría desea y, pese a eso, no sentimos otra cosa que frustración.

La historia también ha demostrado que algunas personas nacen directamente adelantadas a su época. Y el desenlace suele ser terrible. ¿Genios o locos? Me gustaría mencionar algunos ejemplos que corroboran mis palabras. Solo mirando al cielo, el científico italiano Galileo Galilei fue capaz de entender el mundo de una forma nunca vista hasta entonces. Entre otras afirmaciones sobre el universo, concluyó que la Tierra giraba alrededor del Sol y no al revés. Debido a ello, fue condenado por la Inquisición a arresto de por vida. Sin embargo, hoy en día sabemos que él tenía razón.

Imaginad que unos fanáticos religiosos asesinaran y descuartizaran a una mujer por paganismo. ¿Los motivos? Dedicar toda su vida al conocimiento y al trabajo. Esto le ocurrió a Hipatia de Alejandría, considerada una de las primeras científicas y astrónomas de la historia.

A mi parecer, Nikola Tesla es una de las figuras más interesantes de la época contemporánea. Además de contribuir al desarrollo de la energía eléctrica, fue pionero en proponer la utilización de energías renovables y se propuso desarrollar el conocido como «sistema inalámbrico mundial de transmisión de la electricidad». Sufrió una fuerte e injusta campaña de desprestigio.

Realmente estas son solo algunas de las personalidades que se adelantaron a su tiempo, porque la lista es interminable: Julio Verne, Nicolás Copérnico, Vincent van Gogh, Albert Einstein, Rosalind Franklin, Leonardo da Vinci...

En la actualidad, estamos viviendo un momento de transición de nuestras mentes e ideas realmente interesante y esperemos que no sea tarde. Como ya vaticinaron algunas personas tiempo atrás (tal vez también eran adelantados a su época), estamos destruyendo la vida en el planeta tal y como la conocemos. Nuestra existencia de lujos y comodidades rompe por completo con el equilibrio de los diferentes ecosistemas y cada vez más especies animales y vegetales están desapareciendo.

Por esta razón, algunos grupos organizados e incluso ciertas personas de forma independiente están llevando a cabo importantes luchas para reconducir esta situación.

Un ejemplo a pequeña escala lo tenemos en la bahía de los Ángeles, en Baja California (México). Uno de esos lugares paradisíacos donde a uno no le importaría vivir. Uno de los mejores enclaves del mundo para encontrarse con fascinantes gigantes de los océanos como tiburones ballena, el pez más grande del mundo que puede alcanzar hasta dieciocho metros de longitud y pesar más de veinte toneladas. El tiburón ballena (*Rhincodon typus*) es un animal fascinante y sorprendente que habita en los océanos cálidos y tropicales de todo el mundo, pero en México se encuentra en peligro de extinción. Aunque su tamaño puede ser intimidante, el tiburón ballena es un filtrador y se alimenta principalmente de plancton, krill y pequeños peces.

Entre los meses de enero y marzo, la bahía también es visitada por la ballena gris, que acude a las aguas cálidas y tranquilas del mar de Cortés para aparearse y dar a luz a sus crías. Durante esa temporada, se pueden realizar avistamientos de ballenas y disfrutar de la espectacular presencia de estos majestuosos mamíferos marinos.

La bahía también cuenta con numerosas islas e islotes que ofrecen paisajes impresionantes y oportunidades para explorar. Entre ellas se encuentra la isla Ángel de la Guarda, un territorio deshabitado que es hogar de diversas especies endémicas.

En los alrededores de la bahía de los Ángeles, también se pueden encontrar pinturas rupestres y petroglifos realizados por antiguos pobladores indígenas de la región. Estos vestigios arqueológicos ofrecen echar un vistazo al pasado de los grupos culturales que habitaron la zona. Como los cochimíes, nómadas y cazadores-recolectores que se asentaron en diferentes áreas de la península, adaptándose a las condiciones del árido desierto y a las costas del mar de Cortés.

Tiempo atrás, los locales, muchos de ellos pescadores, explotaban los recursos de la costa a precios regalados. Condenaban el futuro y la biodiversidad de la región pero seguían sumidos en la pobreza. A nadie le importaba si la especie que pescaban era protegida o no: todo se cazaba, se vendía y se consumía. No había ningún control y menos aún ganas de cambiar.

Y en todo aquel contexto, una familia supo ver que ese no era el camino y que, de seguir así, en cuestión de pocas décadas uno de los lugares más especiales y únicos del país se iba a ver completamente destruido. Así conocí a...

Toño

Mi nombre es Antonio Resendiz Jiménez. Mi papá fue un oceanólogo de Ciudad de México que estudió en Ensenada, Baja California, y mi mamá, una bióloga de Michoacán. Ambos vinieron a la bahía de los Ángeles a finales de los años setenta para trabajar en la conservación de tortugas marinas. En aquella época, aún era un pueblo pesquero muy modesto y ni siquiera había luz.

Los principales productos que se pescaban entonces eran la tortuga marina (se vendían vivas, así que no se necesitaba electricidad para la refrigeración) y la aleta de ti-

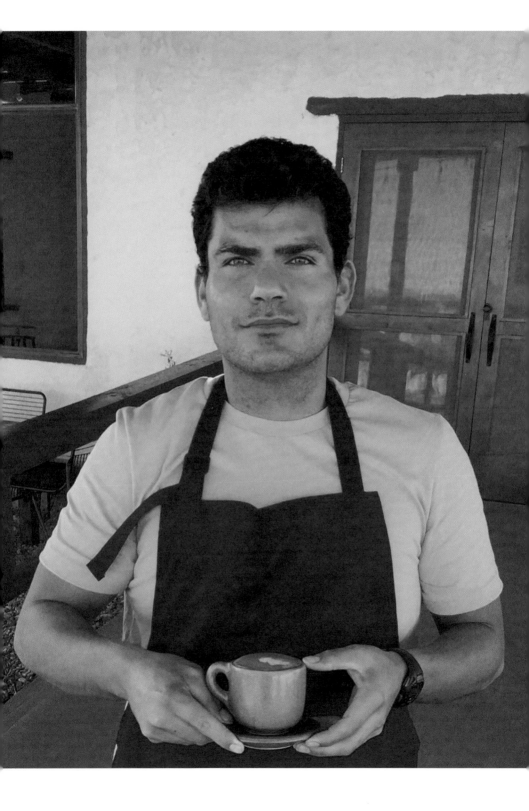

burón, que se secaba. Como este lugar está tan aislado, en medio de la nada, no había ningún control sobre el impacto medioambiental.

Mi papá empezó a tener muy buena relación con los pescadores. Eran buenas personas, pero no tenían muchas opciones más para sobrevivir. La mayoría eran analfabetos. No había escuela en Bahía. Así que mi papá veía cómo cazaban esas especies para simplemente malvivir vendiéndolas.

Además, había mucho turismo, sobre todo norteamericano. Mi papá, al hablar inglés, entabló bastante relación con esos turistas.

Finalmente, en la década de 1990, muchos ambientalistas denunciaron que las tortugas estaban extinguiéndose rápidamente. Se prohibió así el consumo de carne y huevos de tortuga.

Algunos de los desafíos ambientales más significativos a los que se enfrenta la bahía de los Ángeles son estos:

—Sobrepesca: la pesca comercial y deportiva en la región ha llevado a la sobrepesca de algunas especies marinas, lo que afecta negativamente la biodiversidad y el equilibrio del ecosistema.

—Contaminación: el crecimiento turístico y el desarrollo en la zona han generado proble-

mas de contaminación del agua, la tierra y el aire.

—Cambio climático: afecta a la bahía de los Ángeles en diversas formas, como el aumento del nivel del mar, la acidificación del océano y el incremento de la temperatura del agua.

—Introducción de especies invasoras: la introducción de especies no nativas, ya sea de manera intencionada o accidental, puede alterar el equilibrio ecológico y poner en peligro la supervivencia de especies autóctonas. Las invasoras pueden competir por recursos, introducir enfermedades o depredar a las locales.

El tiburón ballena no se explotaba realmente. La gente de aquí no podía imaginar que alguien pudiera pagar doscientos dólares por ver uno. Entonces, poco a poco, se empezó a ver una oportunidad de generar ecoturismo. La alternativa era ahora darle oportunidades sostenibles al pescador. En vez de pescar de forma descontrolada, puedes generar alternativas como la pesca deportiva, el ecoturismo y otras. De este modo, es posible obtener más dinero extrayendo menos recursos. O incluso sin extraerlos, como es el caso del tiburón ballena.

Debido a su naturaleza dócil y su tamaño impresionante, los tiburones ballena son una atracción popular para los visitantes. Sin embargo, es importante practicar el turismo responsable y seguir las pautas establecidas para garantizar la seguridad y el bienestar de estos animales. Por ejemplo, es fundamental mantener una distancia mínima de entre tres y cuatro metros del animal para evitar accidentes y proteger al mismo tiempo al tiburón. Además, nunca se debe tocar o montar a un tiburón ballena, ya que esto puede causarle estrés y aumentar el riesgo de lesiones. Alimentarlos también puede alterar sus patrones de alimentación naturales y causar cambios en su comportamiento. Asimismo, puede atraerlos hacia embarcaciones y áreas de alto tráfico humano, lo que aumenta el riesgo de colisiones y daños.

Practicar el turismo responsable con tiburones ballena es crucial para proteger a estos animales y su entorno natural. Al seguir estas pautas y apoyar a operadores turísticos sostenibles, los visitantes pueden disfrutar de una experiencia increíble y, al mismo tiempo, contribuir a la conservación de estas majestuosas criaturas del océano.

Además, la mejor forma de conservar la diversidad de este lugar es propiciar que los locales se preocupen de ello. Cuando alguien viene de fuera para decirle a los locales que no pesquen, estos pueden ofenderse, porque ¿quiénes son los demás para decir cómo deben vivir su vida aquí? De modo que la clave está en educar, en enseñar, y en dar alternativas mejores tanto para el medioambiente como para los locales. Deben entender que el sitio en el que viven es muy especial y han de cuidarlo para que sigan pasando años disfrutando de estos recursos maravillosos. Se puede generar un equilibrio.

Mi papá, recién llegado con veinticuatro años, falleció

en 2016 casi a los sesenta y dos. Yo nací aquí, pero me fui del pueblo, sin pensar en regresar. Sin embargo, al fallecer mi padre de forma repentina, mi mundo cambió de golpe. Decidí regresar para dar apoyo emocional a mi madre. Yo tenía veinticinco años por aquel entonces. Ya había terminado la universidad y había viajado.

Quería seguir con el legado de mi padre. Soy la segunda generación. Tenemos un pequeño negocio de hospedaje, Campo Archelon, y un pequeño café-restaurante. Trabajo en la rama del turismo, pero me quiero enfocar en el ecoturismo. También queremos dar ejemplo para que otros negocios sigan este modelo para que Bahía se convierta en un ejemplo de desarrollo sustentable.

El ecoturismo es una forma de turismo sostenible que se centra en la exploración y conservación de áreas naturales y culturales, promoviendo la educación ambiental y el respeto hacia el entorno. Se basa en la idea de minimizar el impacto negativo en el medioambiente y las comunidades locales, al tiempo que se apoya el desarrollo económico y la preservación de los ecosistemas y la diversidad cultural.

Curiosamente, cuando yo era niño, los otros niños me hacían *bullying* porque todo el mundo comía tortuga y me decían que yo era el hijo de las tortugas porque decidí no comerlas. Ahora, gracias a la educación medioambiental, todo eso ha cambiado.

La gente también ha dejado de consumir popotes, pajitas de plástico, para no hacer daño a las tortugas, y todo gracias a un vídeo en el que se veía lo doloroso que era sacarle uno de esos popotes de la nariz a una de ellas. Eso ha sido muy bueno para el medioambiente, porque estos residuos plásticos no se degradan fácilmente y pueden permanecer en la naturaleza durante cientos de años. Y es que, en el caso de las tortugas, los popotes representan un riesgo particularmente grave. Las tortugas pueden confundirlos con presas, como medusas, e ingerirlos por accidente. La ingestión de popotes y otros desechos plásticos puede causar bloqueos internos, lesiones en el tracto digestivo y otros problemas de salud que a menudo resultan en la muerte de estos animales.

Me gusta siempre mencionar esta historia. La de un pescador, Pancho Verdugo, que ahora se ha convertido en uno de los mejores guías para avistar tiburones ballena en esta zona. Antes, él pescaba tiburones y capturaba delfines y lobos marinos, incluso bebés, para usarlos como carnada. Fue horrible, pero era la única opción en ese momento. Ahora, sin embargo, ha cambiado y se gana la vida de esta forma.

Si generamos las oportunidades de una manera inteligente, el pescador también cuidará del lugar.

También es importante educar al turista cuando llega aquí. Si vienes a Bahía, tienes que adaptarme a Bahía, no al revés. Esa es la clave de todo. Para que el golfo de California no se destruya y se pierda para siempre.

Mi historia con Pancho

Durante mi estancia en la bahía de los Ángeles dormía en el complejo de Cabañas de Toño y salíamos al mar en busca de encuentros con animales marinos. Pudimos disfrutar de dos magníficas ballenas grises y Pancho era el piloto de la embarcación.

Pancho ha desarrollado una conexión muy especial con el mar de Cortés. Tiene una gran intuición para predecir dónde y cuándo encontraremos grandes mamíferos marinos, como la ballena azul, la ballena jorobada o, incluso, cachalotes.

8

La vida entre cocaína

Argelia (Colombia)

El ser humano ha convivido y evolucionado de la mano de las drogas desde tiempos inmemoriales. Podemos intentar negar esta realidad, pero las drogas han existido en todas las épocas y han sido utilizadas por todas las civilizaciones. En todos los continentes.

Este idilio continúa hasta la actualidad y no parece que vaya a menguar en el futuro. Hoy en día, por ejemplo, utilizamos miles de compuestos psicoactivos, desde el café o el té hasta el alcohol o el tabaco, pasando por los ansiolíticos y los antidepresivos. Incluso los animales utilizan drogas, como os explicaré más adelante. Pero ¿cómo comenzó todo?

Diferentes historiadores apuntan incluso que las pinturas rupestres pudieron ser realizadas por humanos que experimentaban con estas alteraciones de consciencia (aunque obviamente de esto no hay ninguna prueba). Otros, y esto es muy interesante, sugieren que diferentes alucinógenos fueron los causantes de la evolución de la conciencia humana frente a la del resto de animales. Esta expansión cognitiva tuvo lugar gracias al estímulo, a través de estas drogas, tanto de la creatividad como de la imaginación en nuestros ancestros, permitiéndoles pensar de manera novedosa y resolver problemas más eficientemente, combinado todo esto con la capacidad de estas sustancias de inducir neuroplasticidad cerebral (crecimiento y adaptación de las redes neuronales del cerebro). Esto podría haberles otorgado ventajas evolutivas en términos de adaptación y supervivencia.

Dichas sustancias, conocidas por alterar la mente a través de la química, eran consumidas con fines introspectivos, religiosos o, simplemente, festivos. Fue y es nuestra forma de elevarnos a otros estados y reformar nuestras mentes. Se encontraban en las plantas, en los hongos o incluso en alimentos fermentados. Algunos de los consumos registrados que más se remontan al pasado son el opio, la cerveza y el tabaco.

Como decía, en el reino animal también se recurre a estas sustancias y de forma voluntaria, para purificarse, excitarse o limpiar su sistema digestivo. Otros lo hacen tan solo de forma lúdica, buscando el colocón: los gatos y la hierba gatera; las cabras y las hojas de khat en Etiopía. Los delfines se drogan en grupo con el veneno de los peces globo. Las abejas prefieren el néctar que contiene nicotina y cafeína. Los lémures negros muerden milpiés tóxicos, lo que los hace salivar y les induce un estado narcótico. Los mandriles y el iboga. Los elefantes se emborrachan con las frutas fermentadas. Y estos son solo algunos ejemplos.

El del reno domesticado es una muestra destacada de intoxicación animal no alimentaria. Los chukchis, un pueblo siberiano, consumen *Amanita muscaria*, una seta alucinógena, como ritual, al igual que sus renos. Si estos encuentran setas, las comen y se desorientan, y se alejan del rebaño sacudiendo la cabeza. El ácido iboténico en la amanita se convierte en muscimol alucinógeno, pero el cuerpo solo metaboliza una pequeña cantidad y elimina el resto en la orina. Los renos descubrieron que lamer orina con ácido iboténico produce efectos similares a ingerir la seta. Se cree que este puede ser el origen de las leyendas de Santa Claus volando en su trineo tirado por renos voladores.

Hay quien dice que el fenómeno de las drogas es algo natural, mientras que los problemas con estas son de ámbito cultural.

Yo mismo viví mis primeras experiencias con las drogas hace ya varios años en ese afán por experimentar. A veces con fines de ocio, otras por introspección.

Los estupefacientes también son peligrosos, especialmente si se manejan desde la ignorancia. Se deben conocer las virtudes y los efectos, pero también los peligros. Pueden utilizarse para sanar, pero también para destruir.

Y se debe recalcar que, por supuesto, algunos pueden ser muy adictivos.

En algunos periodos de la historia, las drogas se trataban con respeto, hasta el punto de ser alabadas. En otras épocas, fueron prohibidas y combatidas. ¿Cuál es la situación actual?

Ni siquiera queda claro cuándo hablamos de un alimento y cuándo de una droga. Por ejemplo, el chocolate y la marihuana activan los mismos receptores del cerebro. El primero tiene una sustancia similar químicamente a la anandamida, que es parecida al principal principio activo de la marihuana. También muchos productos actuales, en el pasado, fueron medicamentos o drogas, como la Coca-Cola (1886), creada por el farmacéutico John Pemberton para tratar la dispepsia, el dolor de cabeza o la impotencia. Entre los ingredientes de la Coca-Cola original se incluía la cocaína.

Desde los años ochenta vivimos una cruzada mundial contra algunas drogas que, por supuesto, ha resultado ser inefectiva. Los gobiernos ya han aceptado esto último, aunque, naturalmente, no puede ser admitido en público. Para estar debidamente informado sobre estas cuestiones, aprovecho para recomendar leer y escuchar al gran Antonio Escohotado, filósofo y ensayista español, quien dedicó gran parte de su vida a estudiar en profundidad la historia de las drogas, así como a experimentar y documentar sus efectos.

Lo que en el pasado era una íntima relación con lo natural, en la actualidad es un mercado controlado por cárteles y bandas criminales (además de los propios gobiernos), y las drogas son en muchos casos adulteradas o diseñadas en laboratorios. Es uno de los mayores negocios del mundo, y se calcula que podría llegar a mover más de 750.000 millones de dólares anuales. Este mercado ilegal es causante de millones de muertes, tanto violentas como por sobredosis.

Desde el alcohol o el tabaco hasta drogas como la cocaína, el éxtasis, la ketamina, las anfetaminas, los opiáceos, la metanfetamina…, la lista es interminable. También existen otras alucinógenas, como el LSD, la mescalina o la psilocibina.

Por su parte, en las últimas décadas, Colombia ha sido uno de los países más afectados por esta problemática. Cincuenta años de muerte y destrucción. Según la ONU, este país es el mayor productor de drogas del mundo, y llega a producir el 70 por ciento de la cocaína de todo el planeta. Este país sudamericano cuenta con vastas áreas de cultivos de coca, una planta de amplio uso tradicional pero que en la actualidad se utiliza para elaborar la cocaína. Además, diversos grupos armados y organizaciones criminales colombianos participan en el tráfico de drogas y en actividades relacionadas, lo que contribuye a la violencia y la inestabilidad en la región.

El problema de muchas drogas es su capacidad de producir adicciones. Pero las adicciones no se deben solo a las drogas en sí mismas, sino que dependen también de otros factores como el contexto social o la biología de cada persona (por eso hay quienes se enganchan a toda clase de cosas, aunque no sean drogas). Los estudios de gemelos monocigóticos y dicigóticos indican que entre el 40 y el 60 por ciento de la variación en el riesgo de sufrir una adicción se debe a factores puramente genéticos.

En 2019, me adentré en el departamento colombiano de Cauca, al sur del territorio, y llegué hasta lugares que nunca habría imaginado.

Recién comenzaba el mes de febrero cuando aterricé en la ciudad de Cali. De ahí viajé en autobús hasta Popayán, capital de Cauca. Viajaba solo. Tras descansar unas horas en ese hermoso enclave conocido como la Ciudad Blanca, comenzó la aventura.

Dos trabajadores de una organización local llamada COSURCA, encargada de luchar por los derechos de los agricultores, me recogieron en un 4 × 4 blanco a las 3.00 a. m. Debíamos partir durante esa misma noche.

El camino era complicado, y el terreno y el entorno, salvaje (cruzábamos puras montañas selváticas). Pero además se notaba algo más en el ambiente. Nervios. En esos territorios combatían el ejército y las guerrillas, aparte de los paramilitares.

Recuerdo llegar a una intersección con forma de Y y ver a mis acompañantes esbozar sonrisas de alivio. A lo lejos pude apreciar un control del ejército colombiano y la zona estaba tranquila. En otros momentos ese cruce, de gran importancia estratégica, estaba controlado por guerrillas o «paracos». Mi conductor me contaba que, en diferentes ocasiones, incluso tuvieron que frenar en seco el vehículo y esconderse debajo de él debido a los tiroteos. También ejecutaron a compañeros y vecinos en ese lugar. Saludamos a los oficiales y continuamos.

Varias horas más tarde llegamos a nuestro destino, el municipio de Argelia, ubicado en el noroeste del departamento del Valle del Cauca. Argelia está situada en la región andina de Colombia, a una altitud de aproximadamente mil seiscientos metros sobre el nivel del mar.

Desde hacía varios kilómetros las plantaciones de coca inundaban todas las montañas; nos habíamos sumergido en un océano verde que no tenía fin. Por ese entonces era uno de los puntos más calientes y peligrosos del país.

El Gobierno colombiano ha llevado a cabo numerosos esfuerzos en las últimas décadas para combatir el narcotráfico y reducir la producción de drogas en el país. Estas iniciativas incluyen la erradicación de cultivos ilícitos (mediante el asalto militar de los campos de cultivo o la fumigación con herbicidas tóxicos como el glifosato, entre otras medidas), la promoción de plantaciones alternativas y programas de desarrollo rural, así como la lucha contra las organizaciones criminales involucradas en el tráfico de drogas. A pesar de estos esfuerzos, la producción y el tráfico de drogas en Colombia continúan siendo un desafío significativo tanto para el país como para la región en general.

En los años ochenta, este lugar era una plácida y tranquila aldea de agricultores, rodeada de bosques y montañas con flora y fauna nativas y ríos con aguas claras. Desde esa década la violencia azotaba fuertemente a las familias. Campesinos convertidos a cocaleros. En todos los hogares había familiares muertos: padres, hijos, hermanos. Las violaciones y los secuestros también eran comunes. Los gramos de cocaína servían como moneda de pago en estos valles.

Hablamos con diferentes familias, que nos expresaron la difícil vida en este lugar en el que actuaban varias guerrillas, como el ELN o las disidencias de las FARC. Los conflictos y tiroteos eran habituales. Batallas campales entre los diferentes actores de esta guerra, con esta aldea como base. Unos defendían el enclave, otros lo atacaban desde las montañas.

Las FARC (Fuerzas Armadas Revolucionarias de Colombia) y el ELN (Ejército de Liberación Nacional) son dos de las guerrillas más conocidas en Colombia. Ambas surgieron en la década de 1960 con ideologías marxistas y objetivos de lucha contra la desigualdad y la injusticia social. Existen otros grupos guerrilleros y paramilitares en el país, como la AUC (Autodefensas Unidas de Colombia), un grupo paramilitar de derecha fundado en los años noventa para combatir a las guerrillas. La AUC se desmovilizó en gran parte a mediados de la década de 2000, pero surgieron grupos que la sucedieron, conocidos como BACRIM (Bandas Criminales).

Incluso visitamos un laboratorio (por llamarlo de alguna manera) en las montañas. No diré que era un lugar oculto, porque allí nadie escondía nada. Todo se trataba con normalidad debido a que todos trabajaban en lo mismo. Esta rústica planta era donde fabricaban la pasta base de la cocaína con hoja de coca, cemento, ácido y gasolina; era literalmente el jardín de la casa de una de las familias vecinas. Producían para el cártel de Cali.

Tuvimos que huir rápido de aquel lugar, las guerrillas tenían un toque de queda tras el que te disparaban si conducías por la noche... Y el atardecer estaba cerca. Pero antes pudimos conocer a uno de los pocos agricultores y vecinos que nunca entraron en el negocio de la coca. Así, conocimos su historia y exploramos sus terrenos, en absoluta disonancia con los de los vecinos. Su nombre era…

Don Aníbal

Mi finca es la única del lugar que no tiene cultivos de uso ilícito, como la coca, sino que nos limitamos a cultivar café, caña, yuca, plátano o maíz.

Antes, en el municipio todo el mundo vivía de la producción de café. Solamente había unos pocos que producían coca, pero era para uso propio, para mascarla. Luego ya vino el cuento de que la coca tenía mucho valor y muchos empezaron a sembrarla para ganar dinero. Hasta que todo el municipio se llenó de coca.

Aquel cambio causó un grave problema en Argelia. La gente se pervirtió. Hubo mucha violencia. Aparecieron las guerrillas. No era nada seguro vivir en mitad de una violencia tan tremenda. Pero yo no sucumbí a la coca. Sabía que no era bueno que, como padre de familia, me involucrase en el negocio del narcotráfico.

Cuando yo compré esta finca, aquí solo había monte. No había rastrojo. Los árboles que hay aquí tienen aproximadamente cuarenta años. Por ejemplo, hay árboles que se usan para la elaboración de la panela. Aquí también vienen aves silvestres. Es bonito conservar eso. Que aún se escuchen las aves. O puedes comer un poco de la sabrosa pitahaya.

La pitahaya, también conocida como fruta del dragón, es una fruta tropical originaria de América Central y Sudamérica. Tiene una apariencia distintiva, con una cáscara de colores vivos que puede ser rosa, roja o amarilla y está cubierta de escamas y espinas suaves. El interior de la fruta contiene una pulpa suave y jugosa blanca o roja, con pequeñas semillas negras similares a las del kiwi. La textura de la pulpa es ligeramente crujiente y su sabor es dulce y refrescante, aunque algunas variedades pueden ser más dulces que otras. Para consumir la pitahaya, tan solo hay que cortarla por la mitad y extraer la pulpa con una cuchara. Puede ser disfrutada por sí sola o utilizarse en una gran variedad de recetas.

Las plantaciones de coca están llenas de químicos que destrozan el medioambiente, pero aquí todo es ecológico. Aquí, la moneda de cambio, la moneda de trueque, no son los gramos de cocaína. Aquí la moneda de pago es la panela, un tipo de azúcar considerado como el más puro, natural y artesano, sin blanquear y sin refinar.

Es algo pequeño, pero son los pequeños cambios locales los que pueden desembocar en grandes transformaciones.

En algunos sectores de Argelia se han implementado programas de sustitución de cultivos y proyectos de desarrollo rural integral, que buscan ofrecer alternativas económicas a los campesinos y combatir la producción de coca. Además, se han llevado a cabo esfuerzos en materia de educación, salud, infraestructura y generación de empleo en áreas donde antes predominaba el cultivo de coca. Estas iniciativas han permitido que algunas zonas de Argelia disminuyan su dependencia de la producción de coca, aunque el panorama sigue siendo desafiante.

Actualmente están surgiendo otras iniciativas de usos «alternativos» para la hoja de coca, como la elaboración de tintes con hoja de coca, o alimentos con harina de coca, ya que tiene un enorme valor nutricional y en cantidades alimenticias su contenido en alcaloide psicoactivo es prácticamente inexistente.

9

La isla donde secuestran a mujeres para casarse con ellas

Sumba (Indonesia)

Este relato tiene algo de especial y es que lo escribo en tiempo presente, desde Indonesia. Me encuentro en una gran expedición de varias semanas en la que me estoy documentando sobre diferentes culturas, tradiciones y hasta denunciando alguna problemática.

La tribu mentawai (la gente de las flores) y el pueblo bajau (los gitanos del mar), la deforestación y el boom del aceite de palma o los cazadores de ballenas de Lembata forman parte de las aventuras que estoy viviendo en estos momentos.

Recientemente he tenido algo menos de una semana para recorrer la isla de Sumba, un lugar tan especial como único en el mundo. Es parte de las islas menores de la Sonda, en la provincia de Nusa Tenggara Oriental. Y aun estando cerca de la famosísima Bali, pasa bastante desapercibida.

Con una población descendiente de grupos austronesios y melanesios, este lugar, que fue conquistado primero por los portugueses (1522) y después por los holandeses (siglo xix), alberga hoy en día una amalgama de antiguas tradiciones, oscuras costumbres y un modelo social extraño para los tiempos modernos.

Se hablan ocho idiomas diferentes, de los cuales el kambera es el más extendido.

Vecina de Sumba, encontramos a su isla hermana Sumbawa. Al igual que las otras islas cercanas, se encuentra ubicada en el cinturón de fuego del Pacífico. El punto culminante de la isla es el volcán Tambora, que alcanza una altura de 2.857 metros, y que se hizo famoso por su catastrófica erupción en 1815. Expulsó tal cantidad de ceniza a la atmósfera que el mundo entero se oscureció y ese verano fue frío en Europa. El oscurecimiento del cielo en gran parte del planeta provocó miedo en muchas personas, pero también contribuyó al desarrollo del movimiento literario y artístico del momento, el Romanticismo. Por ejemplo, inspiró el poema «Darkness», escrito por lord Byron, la novela *Frankenstein*, de Mary Shelley, y el relato «El vampiro», de John William Polidori. El pintor William Turner también plasmó los cielos oscuros en algunos de sus lienzos.

Aunque muchos pueblos ya se han modernizado, centré mi travesía en los asentamientos más tradicionales. Estas aldeas son pequeñas y suelen tener entre diez y quince hogares, pero las viviendas son fascinantes. Construidas sobre suelo de teca y paredes de bambú, sus enormes techos de paja son el rasgo más característico. La chimenea en medio simboliza el sol, y las cuatro columnas son una referencia a los puntos cardinales. Tienen tres niveles: abajo viven los animales (búfalos, caballos, cerdos…); en la altura media, las personas, y los altos techos son el espacio para los espíritus. Los humanos cuidan de los animales, el nivel inferior, para que los espíritus también cuiden de ellos.

Estas creencias son parte de un curioso e interesante animismo que se practica en la isla, la religión marapu. Dedican sus rezos y ceremonias a los espíritus de la naturaleza, pero sobre todo a los ancestros (esos que habitan en los techos de las casas). Los libros dicen que esta religión es minoritaria en la población isleña (25 por ciento), pero no es cierto. Eso se debe a que, para casarse o incluso ir al colegio, las familias deben afirmar que son parte de una de las seis religiones oficiales del país, entre las cuales no se incluye el marapu.

Odio estas circunstancias, qué injustos son muchas veces los gobiernos con algunas personas, religiones o culturas. Los seguidores de la religión marapu, como ellos afirmaban, no rezan una vez al día para que todo salga bien, sino que se comportan bien durante todo el día.

Aunque muchos marapus se han convertido al cristianismo en los últimos años, todavía hay comunidades que practican esta religión y se esfuerzan por mantener sus tradiciones y creencias ancestrales. Pese a que esta no tiene líderes religiosos formales, cada aldea cuenta con un jefe que se encarga de las prácticas religiosas y actúa como mediador entre los vivos y los muertos. El término *marapu* significa «abuelos» en el idioma local y se refiere a los antepasados que se cree que tienen el poder de proteger y guiar a los vivos.

Uno de los elementos más icónicos y únicos de esta cultura es que aún se practican los entierros megalíticos, una forma de enterramiento propia de la Edad de Piedra. Por ello, se encuentran decenas de megalitos en la zona central de los poblados más tradicionales. Hoy en día, estos enterramientos se hacen en hormigón, porque ya no encuentran rocas así.

Sin embargo, muchas familias abren las tumbas de hace cuatro mil años para seguir enterrando a sus difuntos; por eso es uno de los únicos lugares del mundo donde esta práctica sigue viva. Los muertos son inhumados en una curiosa posición fetal.

La isla tiene cuatro zonas de administración gubernamental (este, oeste, norte y sur) y cada poblado pertenece a un clan. Cada clan tiene un rey. Entre estas cuatro administraciones existen grandes diferencias culturales.

Nosotros comenzamos nuestro viaje en la administración del este. En esta zona, la población está fuertemente estratificada, hasta el punto de que aún hoy en día existen esclavos. Se trata de una especie de mayordomos que trabajan para las familias a cambio de alojamiento y comida, pero sin salario. Algunas familias pueden tener decenas de personas a su servicio, a las que directamente se refieren como «sus esclavos». Estas personas tienen una pequeña casa aparte para ellos, donde viven en grupo. Antiguamente, cuando moría un amo, se sacrificaba a los esclavos que tuvieran su mismo nombre.

En general, toda la sociedad de la isla es extremadamente conservadora, con costumbres algo insólitas. Por ejemplo, el *pahilir*, por el que el marido nunca puede hablar con su suegra y la mujer nunca puede hablar con su suegro. El saludo es el *pudduk* (besar la nariz), es decir, dos personas se acercan y se tocan la nariz como si estuvieran muy cerca y no hubiera distancia entre ellas.

En nuestra ruta hacia la región del oeste, paramos a comer en un fascinante poblado llamado Tarum. Para nuestra sorpresa, llegamos justo a tiempo para un gran entierro tradicional, así que nos quedamos bastante más de lo planeado.

Había fallecido uno de los hombres más ricos de la zona. Durante este entierro, al que asistieron cientos de vecinos, se sacrificaron decenas de cerdos y búfalos. Estos animales son cedidos por otras familias a través de una costumbre llamada *kede*. Todos los animales entregados deben sacrificarse y servirse a los asistentes. Sobre todo en el segundo día, el del sacrificio de los búfalos, el ritual fue extremadamente sangriento. Los animales eran sacrificados de dos machetazos en el cuello.

Todas las personas vestían sus ropajes tradicionales, los famosos tejidos de la zona llamados *ikats*, y portaban el *katopo*, el machete típico de Sumba. Cantaban, bailaban con los *katopos* al aire y mascaban un estimulante natural llamado *betel nut* o nuez de areca.

Masticar la mezcla de nuez de areca y hoja de betel es una práctica sociocultural arraigada en muchas comunidades de Asia y el Pacífico. Se utiliza en ocasiones especiales, eventos religiosos y como digestivo después de las comidas. La combinación de la nuez de areca y la hoja de betel crea una sustancia alcalina que estimula la producción de saliva y provoca una sensación de euforia y bienestar en quienes la consumen. Sin embargo, el consumo de nuez de areca también está asociado con riesgos para la salud. Como resultado, la Organización Mundial de la Salud clasifica la nuez de areca como un carcinógeno humano.

Pude acercarme al difunto, que llevaba muerto una semana pero aún no había sido enterrado. El olor era fuerte y penetraba en mi nariz de forma irremediable. El cuerpo descansaba en la posición fetal ya mencionada.

En esta región de la isla descubrí una de las poblaciones más amables, hospitalarias y divertidas que he conocido en toda mi vida. Fue mágico. Éramos uno más del grupo y de la ceremonia. Vestíamos también los ropajes tradicionales: yo portaba mi propio *katopo* y mascábamos ese estimulante natural. Fue un momento que nunca olvidaré.

Estuvimos presentes en los dos rezos del *rato* —una especie de sacerdote marapu—, ya que nos alojamos en una de las casas de la familia del difunto. También se sacrificaron varios pollos en este ritual y el *rato* leyó el futuro en sus intestinos. Afirmó un buen futuro para todos.

Antes de abandonar el lugar camino hacia nuestro siguiente destino, el famoso pueblo de Ratenggaro, quise saber más sobre una de las costumbres más oscuras de la isla: el Kawin Tangkap, el secuestro de mujeres para casarse con ellas.

El conocido como «rapto de la novia» ha sido una práctica habitual durante toda la historia, e incluso la prehistoria, en diferentes lugares de los cinco continentes. Incluso hoy en día ocurre en algunas zonas de Latinoamérica y Europa del Este o Kirguistán, donde yo grabé años atrás un reportaje sobre este asunto. Cabe recalcar que esta práctica es diferente a la de «la novia a la fuga», un espectáculo preparado en el cual la mujer está de acuerdo con dicho porvenir. El Kawin Tangkap son secuestros reales.

Para los habitantes de Sumba, la opinión de la sociedad es muy importante, todo lo hacen por apariencia y estatus social. Para los casamientos, que muchas veces son pactados, la familia del novio debe pagar a la de la novia con decenas de caballos y búfalos. Por ello, en muchas ocasiones los secuestros acaban convirtiéndose en bodas, por interés de las propias familias, a las que poco importa la voluntad de la joven.

Muchas veces estos secuestros, actualmente prohibidos y perseguidos por el Gobierno, son llevados a cabo por familiares o amigos de las víctimas. Pueden incluir violencia, violaciones, embarazos no deseados…

Para mi sorpresa, el Kawin Tangkap está terriblemente extendido en la isla; en todos los pueblos hay varias historias. Es muy oscura también la forma en que romantizan la situación: «Es que él estaba locamente enamorado de ella y no le quedó otra que secuestrarla…».

Conocimos diferentes casos de secuestro, cada uno con distinto final. Algunos terminaban con una boda forzada, y las mujeres, traicionadas por sus familias. En otros casos, la secuestrada escapaba y huía de la isla para esconderse en otra zona del país. Las mujeres afirmaban que hay ciertas fechas del año, durante algunas festividades, en que no se atreven a volver a casa solas. Saben que ese día el camino va a estar repleto de hombres al acecho para secuestrarlas.

Pero hubo un caso que me sorprendió particularmente. Uno en el que pudimos conocer y entrevistar a una mujer secuestrada y, al mismo tiempo, a su secuestrador.

Secuestrada y secuestrador

MUJER: Yo iba a comprar arroz al mercado y, de camino, en la estación de autobuses, un hombre me llamó. Tuve una sensación muy desagradable. Le pregunté a mi tía quién era, pero me dijo que no me preocupara, que solo siguiéramos adelante. Regresé a casa sin más, pero, desde entonces, aquel hombre empezó a venir a verme para hablar conmigo. Yo siempre me negué, nunca hablé con él, porque ni siquiera sabía su nombre.

Otro día, mientras caminaba con mi prima por la calle, un coche empezó a seguirnos. Sentí en mi corazón que debía correr. Pero no fui lo suficientemente rápida, porque el coche me alcanzó, se puso de lado, se abrió una puerta y, entonces, aquel hombre tiró de mí y me metió en el interior del vehículo. Hicieron lo mismo con mi prima. Después, nos condujeron a nuestro pueblo. Nada más llegar, dejaron que mi prima se fuera y me quedé sola con ellos. Le pregunté al hombre la razón de que el coche fuera por un sitio en el que no había camino, y luego empecé a dar golpes a la ventana y al conductor. Lo hice tan fuerte que incluso me corté la mano con sus gafas. Hice lo posible por escapar, pero no pude. El hombre que me había seguido aquellos días quería que me fuera con él, tanto por las buenas como por las malas.

Fui secuestrada y, todo el tiempo, hasta que llegó la noche, me preguntaron si quería formar una familia con aquel hombre. Me dijeron si quería casarme con él. Estaba llena

de sangre por el corte, y no quería moverme, pero dije claramente que no, que no quería estar con él porque no lo conocía de nada. Lloré todo el tiempo desconsoladamente. Pero su familia ya había decidido informar a la mía de que estaba allí, con él, y que el matrimonio era inevitable. Yo les decía que no, una y otra vez.

Se suponía que mi familia debía informar a la policía de que me tenían retenida, pero la gente del pueblo les dijo que no lo hicieran porque, de lo contrario, estropearían cualquier relación entre los clanes. Decían que era un buen hombre, que cuidaría de mí, que no debía resistirme.

Después de intercambiarse dos búfalos y un caballo, ambas familias acordaron que nos casáramos y, además, se fijó la fecha en que entregarían la segunda dote, que consistió en diez búfalos y doce caballos. Eso significaba que ya era legal que fuéramos marido y mujer.

No pude hacer nada. Continué adelante, continué con aquella vida. Me casé por obligación y nunca fui feliz en ese matrimonio. Sin embargo, no tenía otra opción que aceptarlo y seguir con mi vida. Acabé teniendo cinco hijos. Ya no me arrepiento.

HOMBRE: Yo quise secuestrarla porque a mi madre solo le gustaba ella como mi esposa. Estuve un año yendo a su casa, pero su familia no quería que nos casáramos. Al principio, no estaba enamorado, pero después de estar un año visitándola, acabé enamorándome de ella.

MUJER: Cuando los niños ya crecieron, empecé a sentir un poco de amor y afecto por él. Los hijos sellaron nuestra relación.

HOMBRE: Yo me comporté como si ella fuera mi amor, a pesar de que lloraba y lloraba y estaba conmigo por obligación. Yo me sentía culpable. Pero era la única manera de hacer las cosas si ella era el amor de mi vida. Me siento culpable por haberla secuestrado, pero su familia no aceptaba nuestro matrimonio y mi madre no quería a otra chica que no fuera ella. No tenía alternativa. Nunca le pegué ni me enfadé con ella. Siempre la traté bien. Pero no me gustaría que mi hijo hiciera lo mismo que yo. Si se enamora de alguna chica, debe hacer todo lo posible para que ella se enamoré de él, pero no de la forma en que yo lo hice. Debe hacerlo bien.

10

El punto de la Tierra más cercano al Sol

El Chimborazo (Ecuador)

Por si no lo habíais notado, me gustan los retos. Lo que me supone un verdadero esfuerzo es quedarme en mi zona de confort y no al revés. Necesito estímulo continuo. Es tan aburrida la vida sin propósitos y sorpresas… Me gusta llevarme al límite y probarme en situaciones extremas, tanto física como psicológicamente. ¿Cómo testar si no nuestras verdaderas capacidades?

Los humanos no distamos tanto de un personaje de videojuego, ese que vas entrenando y subiendo de nivel y cada vez es capaz de hacer más cosas. Partimos de unas habilidades muy básicas, pero de nosotros depende saber bucear, escalar, conducir motos o 4 × 4, hacer paracaidismo, hablar diferentes idiomas, orientarnos con las estrellas, navegar a vela… La lista es infinita. Y todas estas son capacidades al alcance de casi cualquiera, de no ser por las limitaciones que muchas veces nos ponemos nosotros mismos.

Para viajar no es necesario saber hacer todo, pero sin

duda viene bien. Incluso puede que te salve la vida. ¡Y ojo! A mí me queda mucho por aprender. Aún no sé conducir en moto ni saltar solo en paracaídas. Otra cosa que me gustaría aprender es mecánica básica para poder reparar mis vehículos en cualquier lugar. También, atontado por las nuevas tecnologías, carezco de cualquier conocimiento sobre orientación mediante el viento o las estrellas. Poco a poco, pues cuando escribo este libro aún tengo veinticinco años.

En el año 2020, justo después del famoso confinamiento a nivel mundial que todos sufrimos, me propuse mi primer reto de montaña: escalar el pico más alto de toda África, el techo del continente, el Kilimanjaro (5.895 metros).

El Kilimanjaro es un volcán inactivo compuesto por tres conos principales: Kibo, Mawenzi y Shira. Kibo es el cono más alto y alberga la cumbre de Uhuru. Aunque está inactivo, todavía emite vapor y gases en algunas áreas. Y a pesar de encontrarse cerca del ecuador, el Kilimanjaro tiene glaciares en su cumbre. Estos glaciares, que han existido durante más de diez mil años, han ido disminuyendo en tamaño en las últimas décadas debido al cambio climático.

Las montañas son lugares místicos y de culto, muchas veces venerados por las antiguas culturas y civilizaciones. A veces, también por las modernas. Diferentes grupos étnicos les hacen ofrendas y les dedican sus plegarias. Son como gigantes con identidad propia y lugares que albergan espíritus naturales. En particular, el Kilimanjaro ha sido objeto de mitos y leyendas locales desde tiempos inmemoriales. De hecho, se cree que la palabra *Kilimanjaro* proviene del suajili *kilima* («montaña») y *njaro* («blanco»), en referencia a las nieves de su cumbre.

En el mes de julio y sin ninguna preparación (venía de estar durante meses en casa), me embarqué en una gran aventura en la que primero conviví con diferentes etnias de Tanzania: los bosquimanos, con los que realizamos grandes cacerías; los datogas, con su interesante historia, y los masáis, con quienes llegamos a los poblados más auténticos fuera de la clásica ruta turística.

Tras una semana de campamentos había llegado el momento del gran reto. Puede que el Kilimanjaro no sea la montaña más difícil ni la más dura, pero a mí me llevó al límite. Sacó lo mejor y lo peor de mí.

La persona de más edad en escalar el Kilimanjaro, en Tanzania, ha sido una mujer. La rusa Angela Vorobeva lo consiguió con nada menos que 86 años y 267 días. Su expedición partió de Londorossi Gate el 23 de octubre de 2015. Vorobeva alcanzó la cima de Uhuru Peak, la cumbre más alta del Kilimanjaro, el 29 de octubre, demostrando que la edad no es un límite cuando se trata de cumplir metas y enfrentar desafíos.

Existen diferentes rutas de ascenso; la mía fue Maranga. Todo comienza a escasos mil ochocientos metros y en un ecosistema húmedo, cálido y selvático. Altos bosques con diferentes tipos de monos aullando desde las copas de los árboles. Debido al gran desnivel de la travesía, de más de cuatro mil metros desde el punto de inicio hasta la cima, encontramos ecosistemas de topo tipo. El ascenso dura tres días, más un cuarto e incluso un quinto para descender después.

Poco a poco, el bosque va perdiendo esa humedad característica y la vegetación es cada vez más baja. La temperatura disminuye paulatinamente. Seguimos caminando entre arbustos, en tramos mucho más áridos. Más tarde llegaría el mismo desierto: frío, ventoso y con enormes rocas. Y por fin llegamos al tercer y último campamento de montaña, a unos cuatro mil seiscientos metros.

El ascenso a la cima se hace por la noche, desde la una de la mañana, y dura entre cinco y siete horas. El terreno, nada firme, se deshace a cada pisada y parece que uno no avanza. Se trata de sedimentos sueltos provenientes de antiguas erupciones. El frío era extremo y a mí me faltaba el aire. El mal de altura azotaba mi cabeza como si una enorme prensa hidráulica me hubiera pillado por la sien. Recuerdo que deliraba, ideas sin sentido flotaban entre mis pensamientos. Sin el guía, no lo hubiera conseguido. Él me marcaba los tiempos y me animaba a continuar. *«Pole, pole»*, me decía…

> Si te encuentras escalando el Kilimanjaro, es posible que los guías locales y porteadores utilicen la expresión *pole, pole* (pronunciado «polé, polé»), que en suajili significa «despacio» o «lentamente». En el contexto del montañismo, *pole, pole* es un recordatorio para ascender a un ritmo lento y constante a fin de prevenir el mal de altura (también conocido como mal agudo de montaña) y permitir que el cuerpo se aclimate a las condiciones de menor oxígeno en altitudes elevadas.

Tras varias horas de sufrimiento, llegamos a la zona más alta, el glaciar. La idea de que la meta estaba cerca era lo único que me mantenía en pie. Y por fin, ante un amanecer deslumbrante y entre lágrimas de emoción, llegué al punto más alto de África: el pico Uhuru.

Lo había conseguido, meta cumplida. ¿Y esto qué significa? Que, evidentemente, ahora necesitaba metas nuevas. Más montañas. Comencé a investigar sobre picos emblemáticos del planeta. ¿Cuál debería ser el siguiente? Aconcagua, Mont Blanc, Elbrús… Todavía no podía apuntar al Himalaya, claro. Tal vez, algún día.

> Los ochomiles son las catorce montañas que se elevan más de ocho mil metros por encima del nivel del mar. Son los siguientes:
> - Everest (Nepal-China).
> - K2 (Pakistán-China).

- Kangchenjunga (Nepal-India).
- Lhotse (Nepal-China).
- Makalu (Nepal-China).
- Cho-Oyu (Nepal-China).
- Dhaulagiri I (Nepal).
- Manaslu (Nepal).
- Nanga Parbat (Pakistán).
- Annapurna (Nepal).
- Gasherbrum I (Pakistán-China).
- Broad Peak (Pakistán-China).
- Gasherbrum II (Pakistán-China).
- Shisha Pangma (China).

Encontré la respuesta en mi querido Ecuador, tierra de montañas y altos volcanes andinos. Entre todos ellos, había uno que destacaba, el taita Chimborazo. Con sus 6.263 metros, es el pico más alto del mundo midiendo desde el centro de la Tierra y el punto de la Tierra más cercano al Sol. Fascinante. Esto se debe justamente a la ubicación en la que se encuentra, prácticamente sobre la línea del ecuador.

Para los locales, este gran volcán es el gran padre del resto de montañas del país. Algunos dicen que se les aparece su espíritu, en forma de un señor vestido de blanco y con una larga barba del mismo color. También es venerado por las comunidades indígenas de esas zonas altas de los Andes.

De nuevo, sin preparación ni una buena aclimatación (a veces me confío demasiado), me propuse este nuevo ascenso. En el día de entrenamiento, todo fue perfecto. Ascendimos a las agujas de Whymper (5.300 metros), y yo me notaba como un cohete.

La jornada siguiente descansamos, y la siguiente era el gran día. Comenzamos a ascender y llegamos hasta el campamento base, también a 5.300 metros. Pero en esta ocasión algo no iba bien. Me faltaba fuerza en las piernas y no era capaz de ascender. ¿Qué me ocurría? No solo era mal de altura, notaba algo más en mi cuerpo... De madrugada, comenzamos la travesía hasta la cumbre y yo no fui capaz de llegar, me quedé a unos 5.900 metros.

Como decía mi guía: «Lo importante no es llegar a la cima de la montaña, sino poder bajar después». Además, probablemente en ese punto ya era el humano más cercano al Sol en todo el planeta.

Recuerdo que en ese momento mi cerebro se desconectaba. Me arrodillaba para descansar y me quedaba dormido al instante unos segundos. Cerraba los ojos y durante esos momentos soñaba profundamente. Lo más probable es que se debiera a la falta de oxígeno.

Tras descender a la localidad de Riobamba, empeoré aún más. Realmente, lo que sufría eran unas fuertes fiebres de la selva, ya que venía de una larga expedición en las profundidades del Amazonas.

Sin que esto sirva como excusa, espero poder intentarlo de nuevo y conseguirlo en esa ocasión.

El Chimborazo es la montaña más alta de Ecuador y forma parte de la cordillera de los Andes. Es un volcán inactivo que no ha tenido erupciones desde hace más de mil años. El famoso naturalista y explorador alemán Alexander von Humboldt intentó escalar el Chimborazo en 1802, pero no pudo alcanzar la cumbre debido a condiciones difíciles y la falta de equipo adecuado. A pesar de no haber llegado a la cima, su expedición proporcionó valiosos datos científicos y geográficos. Escalar el Chimborazo es un desafío para los montañistas debido a su altitud, el clima extremo y las condiciones de hielo y nieve en la cumbre. Aunque el ascenso no es tan técnico como en otras montañas, requiere habilidades de montañismo en hielo y nieve, además de un buen nivel de aclimatación y condición física.

El día antes del gran ascenso, durante esa jornada que tuvimos de descanso, quise conocer a una de las figuras más reputadas y respetadas de la región: el gran Marco Cruz. La persona que en más ocasiones había ascendido al Chimborazo (más de mil veces), y que aún lo seguía haciendo a pesar de su avanzada edad.

Nos recibió en su casa, una reconfortante cabaña al pie de las montañas que estaba rodeada de rebaños de llamas y alpacas. Fueron momentos emocionantes. Se me saltaban las lágrimas contemplando como él lloraba de la emoción. El espíritu de la montaña vivía en el cuerpo de aquel hombre.

Marco Cruz

Yo fui el primero en escalar el pico más difícil en Ecuador, que era el Altar, en el año 1973. Y eso me marcó la vida. Me enseñó a apreciar la belleza de las montañas y me ofreció un camino nuevo en mi vida.

Nosotros éramos los pioneros. No sabíamos nada de la técnica ni del equipo. Pero, aun así, he subido más de mil veces al Chimborazo por diversas vías, e incluso he repetido la primera ruta de Whymper, cuando yo era un chaval de dieciséis años. No quiero decir que sea la persona con más ascensos. Porque eso no importa. Lo que importa es que aprendes cada vez un poco más.

Después de recorrer todas las montañas de Ecuador, con veinte años, unos amigos catalanes me invitaron a España y allá me fui en un barco bananero. Al llegar a Barcelona, aprendí a escalar técnicamente, porque, hasta entonces, era un simple autodidacta. En Ecuador no teníamos escuelas y no sabíamos lo que era el alpinismo. Por eso le tengo un gran aprecio y una profunda gratitud a España. Allí tuve la oportunidad de escalar en Montserrat, en La Pedriza (cerca de Madrid), en Gredos, en los Picos de Europa y después en los Pirineos. Fui miembro del GAME, del Grupo de Alta Montaña Español.

También tuve la oportunidad de ir a la Federación Española de Montañismo (FEM), cuyo presidente, en esa época, era Félix Méndez, una de las figuras más relevantes de la escalada madrileña de los años cuarenta y cincuenta.

Y conseguí también una beca para un curso de alta montaña en Chamonix, en Francia, donde se encuentra la cumbre más alta de los Alpes. Ahí estuve siete años. Y de ahí visité los Dolomitas, un conjunto grandioso de macizos montañosos en los Alpes orientales italianos.

Ahora todo se hace mucho más fácilmente que entonces.

Mi consejo, si vas a enfrentarte al Chimborazo, es que seas prudente. Yo siempre voy allí con la misma ingenuidad. Y con ilusión. Comparado con los grandes alpinistas, que han llevado a cabo cosas importantes, como Juan Sebastián, como Edurne Pasaban, como Juanito Oiarzabal, yo soy un hombre humilde. Pero tengo el espíritu de la montaña.

Así que si decides enfrentarte al Chimborazo, debes aclimatarte despacio y de forma constante, como todo en la vida. El Chimborazo es una montaña muy difícil y muy peligrosa. Como todas las de aquí, hay que afrontarlas con mucho respeto. Son los santuarios de la naturaleza.

Lo lindo de la montaña es el esfuerzo que uno logra, venciendo al miedo, venciendo las limitaciones y logrando lo que uno quiere.

11

El último hielero y los «chimbitos»

El Chimborazo (Ecuador)

Hablemos del Chimborazo un poco más, porque allí vive otra personalidad de la que guardo un gran cariño y que debéis conocer: el gran Baltazar Ushca.

En esta ocasión, nos remontaremos al año 2019, cuando llegué por primera vez a las faldas del gran volcán durante mi gran gira latinoamericana. La misión era encontrar a Baltazar, el último de su oficio y tradición: el de los hieleros del Chimborazo.

Antiguamente, y cuando no existían las neveras ni los congeladores, los hieleros se encargaban de ascender hasta las zonas altas del gran taita para extraer grandes bloques de hielo que eran bajados sobre los burros.

En los tiempos modernos esto no es necesario y la tradición se ha perdido. Baltazar fue el último y todavía hoy en día sube a veces cuando alguien se lo pide. Ese fue mi caso.

Mi compañero de batallas Luis Piñero y yo habíamos quedado con Baltazar y su yerno a la primera luz del alba.

Los encontramos esperando en los mismos caminos de ascenso, rodeados de altos cultivos. De piel morena y baja estatura, apenas pasan del metro y medio, aguardaban sobre sus burros.

Ellos no ascienden hasta la cima, cubierta por nieve blanda, sino que siguen unas rutas diferentes para llegar a unas minas de hielo naturales y milenarias por debajo de los cinco mil sobre el nivel del mar.

El ascenso a esa altitud era duro, sobre todo para nosotros. También largo, de varias horas. Recuerdo que, a mitad de camino, pararon y arrancaron unas hierbas altas de entre los cultivos con las que fabricaron cuerda, que serviría más tarde para amarrar los enormes bloques de hielo sobre los animales.

Seguíamos avanzando y avanzando y no había descanso. Ellos no paraban, llevaban su ritmo natural y nuestra misión era aguantarles el paso. Baltazar, a sus setenta y cuatro años, iba sobre el burro; el yerno caminaba.

Aquellos paisajes, aquel ambiente…, todo era mágico. Por aquel entonces yo tenía veintiún años y la emoción de estar viviendo todo eso me sobrepasaba. Por fin me dedicaba profesionalmente a lo que deseaba, por lo que había luchado durante años.

Finalmente llegamos a las minas. Se veían como una especie de área con tierra removida y revuelta con rocas, pero debajo estaba el hielo. Baltazar y su yerno comenzaron a picar. Golpe tras golpe iban abriendo grietas en el hielo infinito y, después, un enorme bloque se desprendía y caía rodando.

Nosotros abrimos una lata de sardinas y la metimos entre pan y pan; necesitábamos reponer fuerzas. Ellos no comieron nada, por respeto al volcán.

Tras descender a los poblados, estos bloques de hielo se enterraban bajo tierra para que aguantaran más. En los días siguientes se vendían en los mercados; hoy en día únicamente se emplean para zumos naturales. Recuerdo la delicia de jugo de mora y guanábana con hielo del Chimborazo que me tomé aquella fresca mañana.

Los hieleros son conocidos por su antigua práctica de extraer bloques de hielo del glaciar del volcán, utilizando herramientas manuales como picos y palas. Este hielo se vende en los mercados locales para emplearlo en la producción de helados, jugos y otras bebidas frías. La tradición de los hieleros se remonta a varios siglos y ha sido transmitida de generación en generación. La labor de los hieleros del Chimborazo es un ejemplo de una tradición ancestral que lucha por sobrevivir en el mundo moderno.

Algunos años más tarde, me encontré de nuevo con Baltazar, esta vez en su casa. Fue el mismo día que conocí a Marco Cruz. Estaba investigando sobre una curiosa y extraña creencia de la zona.

En el Chimborazo se pueden encontrar albinos, pero su realidad es muy diferente que la que viven las personas sin pigmentación en la piel en otros lugares como África.

En este caso, los albinos son considerados hijos del volcán, y por eso se conocen como «chimbitos». Descendientes del volcán, pero literalmente, ya que afirman que el señor con larga barba blanca deja embarazadas a las mujeres; por eso a veces evitan subir solas a las zonas altas o incluso arremangarse las faldas para orinar. ¡No vaya a ser que aparezca el espíritu del Chimborazo!

El albinismo es una condición genética que afecta a la producción de melanina, un pigmento que da color a la piel, el cabello y los ojos. Las personas con albinismo presentan una cantidad reducida o ausente de melanina, lo que resulta en una apariencia de piel y cabello más claros y en padecer problemas visuales. En general, las personas albinas pueden enfrentar desafíos en su vida diaria debido a su condición, como problemas de salud (mayor propensión a sufrir enfermedades, como el cáncer de piel, debido a la falta de melanina) o los estigmas y la discriminación.

Sorprendentemente, el padre de Baltazar era chimbito, por lo que el último hielero es también nieto del volcán.

Siempre era muy interesante escucharle hablar, con ese acento indígena de la sierra y repitiendo casi siempre cada frase dos veces. Un personaje entrañable al que guardo gran respeto.

Baltazar Ushca

Soy Baltazar Ushca, el hielero del Chimborazo. El último hielero. Yo voy al Chimborazo para traer hielo.

Mi padre era hijo del taita Chimborazo. Quien traía hielo entonces era mi padre. Esta es la herencia que tengo: taita Chimborazo es como mi abuelo, y mi padre era tan blanco como él. Muchos más son hijos del taita Chimborazo. Y nosotros también tenemos hijos que son taita Chimborazo. En la comunidad se dice que los albinos son hijos del Chimborazo y les llaman *chimbitos*.

Para llegar desde casa hasta las minas de hielo, caminamos cuatro horas. Son cuatro horas de subida. Los hieleros suben al Chimborazo muy temprano en la mañana, generalmente alrededor de la medianoche o en las primeras horas de la mañana. Antes de llegar, oramos para que no nos pase nada.

Con picos y palas, sacamos el hielo de debajo de la tierra. Nos untamos las manos de arena para que el pico no se resbale cada vez que golpeamos el hielo.

Trabajo cargando hielo desde los quince años. Cuando escribo esto ya tengo setenta y cuatro.

Antes no había hielo de fábrica y muchos familiares subían con sus burritos. El hielo recogido lo llevaban hasta la costa, a los mercados. Yo subía con papá, mamá, hermanos…, y subíamos sin zapatos. Ahora ya subo con botas de caucho.

El Chimborazo se ve blanco, pero eso es nieve, suave como el algodón. Eso no sirve. El hielo bueno está bajo tierra.

Cuando llegamos a los glaciares, los hieleros seleccionamos un lugar para extraer el hielo. Solemos buscar un área con hielo de buena calidad y lo suficientemente grueso para extraer bloques. Una vez que los bloques de hielo han sido extraídos, se envuelven en paja para aislarlos y se cargan en burros o mulas para transportarlos montaña abajo. Finalmente, vendemos el hielo en los mercados locales, donde se utiliza para hacer helados y otras delicias.

La extracción de hielo del Chimborazo ha desaparecido en los últimos. El cambio climático ha reducido los glaciares del volcán, y la disponibilidad de refrigeración moderna ha disminuido la demanda de hielo del Chimborazo. Además, este oficio es arriesgado y físicamente exigente. Por eso, es probable que sea el último que lo haga.

12

La comarca más despoblada de España

Sobrarbe (España)

Durante estos años de viajes he conseguido vivir cantidad de grandes momentos y situaciones únicas gracias a la suerte. Eso es así. Pero la suerte hay que buscarla, eso también es así.

La fe mueve montañas, qué gran proverbio.

Detrás de cada una de mis expediciones hay un gran trabajo de organización, además de investigación y documentación. Siempre intento tener todo atado, como la ruta o los contactos, con la intención de aprovechar al máximo el tiempo y asegurarme los buenos resultados. Pero, aun así, siempre hay aspectos que escapan del control humano.

El ejemplo más claro y más fácil de entender es el de la fauna salvaje, porque nunca sabes si el animal va a aparecer o no. Para descubrirlo, no te queda otra que intentarlo. Pero esa es la magia. Tiene mil veces más valor ver un animal en estado de libertad que mil animales juntos y encerrados en un zoológico.

Solo debo detenerme a pensar unos segundos para comenzar a recordar situaciones donde la suerte jugó un papel fundamental.

En 2019, viajé a Senegal para grabar sobre la lucha senegalesa, una disciplina local, y no tenía ningún contacto. Estuve preguntando durante los primeros días en el país africano, pero no conseguí nada.

Al final, me desplacé a una playa donde oí que solían entrenar a los luchadores, y allí conocí al doble campeón de África. El reportaje quedó espectacular gracias a ese encuentro y todo lo que supuso para el resto de los días.

La lucha senegalesa, también conocida como *laamb* o *lutte sénégalaise*, es uno de los deportes más populares en Senegal, incluso más que el fútbol en algunas áreas. Es un tipo de lucha que tiene sus raíces en las tradiciones de los grupos étnicos serer senegaleses. Se ha convertido en una parte importante de la cultura de ese país y en una vía notable para la movilidad social. El deporte ha evolucionado con el tiempo. Aunque originalmente se luchaba con las manos desnudas, la versión moderna de la lucha senegalesa puede incluir golpes de puño, lo que la hace similar al boxeo. Esta versión se conoce como «lucha con golpes» o *laamb yëkkini*.

Otro ejemplo es el gran viaje a la Antártida. Tuve que desplazarme hasta el Continente Blanco para encontrar a la mítica foca leopardo. Era nuestra gran meta y lo conseguimos tras varios intentos y justo en los últimos días.

El pueblo surma, una tribu de Etiopía, practica un violento ritual a través del cual los jóvenes se convierten en adultos: las luchas donga. Deben enfrentarse en peleas uno contra uno con grandes varas de madera. Desnudos y muchas veces sin ninguna protección, algunos terminan con severas lesiones, y otros, directamente muertos. No hay una fecha clara para estas ceremonias y tampoco puedes saber con semanas de antelación si se va a celebrar alguna. El truco es ir. Tienes que estar allí. Y precisamente por eso, por estar allí, pude presenciar una donga en agosto de 2022.

Existen mil casos más, ocurre continuamente. Parece la típica frase pero es uno de mis lemas de vida: si no lo intentas, no lo vas a conseguir. A veces, la gente me pregunta: «¿Cómo puedo vivir viajando como tú?», «¿Cómo puedo crecer en YouTube?», «¿Cómo puedo llegar a conocer tal país?». La respuesta es siempre la misma, el consejo fundamental: EMPIEZA.

Yo no soy devoto de ninguna religión, pero sí tengo fe. Tengo fe en que las cosas se dan. En que si uno lucha y pone todo de su parte, hay muchas más posibilidades de conseguir lo que sea que te propongas. No solo hablo de grandes logros en mi trayectoria, también de las pequeñas cosas del día a día.

Conseguir estar en el lugar y el momento precisos es algo que está en nuestra mano. Aunque no sepamos dónde ni cuándo, como mínimo podemos aumentar las posibilidades de estar ahí si siempre luchamos por nuestras metas.

También es importante saber fluir y navegar ante las sorpresas que esperan en el camino, porque tener todo atado en la vida es imposible, así que ¿para qué malgastar esa energía tratando de tener el control sobre todo? Lo más astuto es aprender a improvisar.

Y en esos momentos de descontrol, yo confío en mi intuición. Dejo que mi instinto y mis sentidos me guíen. ¡Es fundamental tener confianza en uno mismo!

En marzo de 2022, y justo tras mi regreso de la Antártida, tuvo lugar uno de esos momentos en los que me dejo fluir, me apunto a la aventura y sale bien. Iba a permanecer poco más de dos semanas en España antes de viajar a Siria, pero no iban a ser de descanso. Tenía que adelantar muchas gestiones de «trabajo de oficina», una gala de unos premios en Madrid, una visita exprés a Ibiza… y, entre todo eso, también me habían invitado a un pequeño festival de cine de antropología en un pequeño pueblo de Huesca.

El municipio era Boltaña, capital de la comarca de Sobrarbe, de menos de mil habitantes. Y el festival, llamado Espiello, no era multitudinario, sino acorde al tamaño de la localidad.

Físicamente estaba agotado y este evento se celebraba al día siguiente de los premios de Madrid, así que, si aceptaba la invitación, debía amanecer tras la gala y conducir hasta aquel pueblo de las montañas de los Pirineos.

¿Cuál era la mejor opción? La realidad es que, en principio, algo así no me iba a traer grandes oportunidades profesionales ni mucha repercusión… Ni siquiera conocía la existencia de aquel pueblo antes de la invitación.

Pero finalmente, atraído por la temática del festival —cine y antropología—, acepté y terminé presentando mi trabajo ante los asistentes desde un escenario en el que me acompañaban otras figuras reconocidas de la región.

No me arrepiento en absoluto (pocas veces me arrepiento de este tipo de decisiones), porque aquel viaje no me trajo más que cosas buenas. Y no solo porque descubrí un pueblo entrañable en el que residía una gente increíble, sino porque disfruté de la maravilla natural que es Sobrarbe y pude conocer al gran Eugenio Monesma, reputado documentalista de la zona. Por si fuera poco, encontré allí el destino perfecto para mi próximo reportaje.

Y es que por ese entonces llevaba meses preparando un pequeño documental sobre la despoblación en España. Además de semanas de investigación, había invertido mucho dinero, pues toda esta aventura formaba parte de una serie, que aún está en proceso, en la cual mi gran amigo Adrián Martins (líder de expedición de aventuras ecuestres en Ojo de Nómada) y yo recorremos las zonas más remotas del territorio español a lomos de nuestros caballos.

Él monta a su querido Galo, un caballo gallego, mientras que yo cabalgo un caballo vasco. Como yo no tenía ninguna montura, conseguimos un pottoka (raza vasca de las montañas) en las fincas de un ganadero y Adri lo domó y lo entrenó en Galicia para tales travesías. Debido a su intenso pelaje negro lo bautizamos Ikatz, que significa «carbón» en euskera.

La despoblación es un fenómeno por el que una zona se vacía por las migraciones en masa (normalmente de las zonas rurales a la ciudad), y afecta terriblemente a España. Esto ocurre en muchas regiones, como en zonas de Extremadura y Castilla y León. Pero durante el fin de semana del festival de Espiello, descubrí que justamente Sobrarbe era la comarca más despoblada del país.

Se considera despoblada una zona cuando tiene menos de doce habitantes por kilómetro cuadrado. El índice en el caso de esta comarca se reduce hasta 3,5, el nivel de algunas zonas de Siberia o el desierto del Sahara.

Sobrarbe es una comarca situada en la provincia aragonesa de Huesca. Es famosa por su impresionante paisaje natural, que incluye los parques naturales de la Sierra y Cañones de Guara, el de Posets-Maladeta, y el de Ordesa y Monte Perdido. Este último es Patrimonio Mundial de la Unesco y uno de los espacios naturales más extraordinarios de España. Además, posee una de las formaciones geológicas más imponentes, el cañón de Añisclo, una garganta que ha sido tallada por el río Bellós.

Dos meses más tarde me encontraba de nuevo en Huesca, y con nuestros caballos. Vivimos una gran travesía con campamentos en las montañas a través de pueblos casi abandonados, pueblos abandonados y pueblos que comenzaban a recuperar vecinos tras haber estado deshabitados.

Qué lugares. Maravillosos. Daban ganas de quedarse allí para siempre. ¿Cómo podía quedar abandonada una zona tan increíble como esa? Bellos picos montañosos poblados por frondosos bosques, anchos ríos por los que bajaba el agua fresca de los montes y mucha fauna salvaje. Las pequeñas aldeas, construidas en piedra, parecían sacadas de un cuento de hadas.

Por las mañanas, amanecía pensando que estaba en cualquier valle de Canadá o Alaska, por ejemplo. Tremendos paisajes.

El gran Nacho Jáuregui, gran amigo y cámara en este reportaje, se encargó a la perfección de captar la belleza de aquel escenario. También la melancolía de los antiguos asentamientos.

Durante aquellos días entrevisté a diferentes personalidades de la provincia. Además del mismo Eugenio, destacaré a Severino Pallaruelo, quien nos abrió las puertas de su casa y estuvo dispuesto a atender a nuestras preguntas de un modo en que los sentimientos le inundaron los ojos de lágrimas.

Severino Pallaruelo

Cuando yo era pequeño, para llegar a Sobrarbe había que cruzar un puerto de montaña, así que siempre ha sido un lugar muy aislado. Cuando nací, en 1954, la comarca apenas tenía veinte mil habitantes. Y veinticinco años después, tenía siete mil. Todo cambió entre 1960 y 1970.

Hasta entonces, casi no había cambiado nuestra forma de vida: comíamos lo de siempre, vestíamos de forma parecida, nuestras casas eran similares. No había carreteras para llegar a muchos pueblos. Sin embargo, a partir de ese año, todo empezó a cambiar. Las carreteras comenzaron a llegar. Circularon los primeros coches. Toda la ropa se compraba ya y no se confeccionaba en casa.

La vieja sociedad se había hundido. Las estructuras que nos parecían sólidas e inamovibles se derribaron. La primera de todas: la casa. La casa como institución, no solo el edificio, sino todo su patrimonio, y, sobre todo, la estructura familiar. Por ejemplo, durante siglos solo había un heredero o heredera, pero solo uno, para que el patrimonio no se dividiera. El modelo de hábitat se conservó durante años. Y, de repente, todo cambió. Fundamentalmente, porque dejamos de vivir del entorno, de lo que daba todo lo que había alrededor.

También influyó el hecho de que hubiera tantos pueblos. ¿Qué sentido había en que hubiera uno aquí, otro a dos kilómetros, otro a tres?… Pues porque el relieve es muy abrupto y tienes que vivir cerca de la tierra donde tienes el ganado.

¿Qué fue lo que provocó esta cascada de cambios? Básicamente, la llegada del dinero.

El fenómeno de la España vaciada se refiere al proceso de despoblación y declive económico que han experimentado muchas áreas del interior del país, especialmente desde la segunda mitad del siglo xx. La expresión «España vaciada» deriva de la «España vacía» acuñada por el autor Sergio del Molino en

su libro homónimo de 2016. En su obra, Del Molino explora el contraste entre las zonas urbanas densamente pobladas de España, como Madrid y Barcelona, y las regiones rurales del interior, que han visto disminuir sus poblaciones durante décadas.

Hasta entonces, había lo suficiente para vivir, pero el dinero no circulaba apenas. Solo necesitabas un poco para pagar la contribución, un poco para pagar la dote cuando te casabas, pero poco más. Podías pasarte semanas enteras sin ver ni una sola moneda.

Pero en un momento dado llegaron las empresas. Empezaron a construir centrales eléctricas, canales, presas, carreteras… La gente que trabajaba en ellas tuvo su primer salario garantizado. Eso elimina cualquier incertidumbre. Sabías que tendrías tu dinero a final de mes, lloviera o no lloviera. Poco a poco, cada vez más gente prefería ese estilo de vida y se marchaba a las empresas. Abandonó los pueblos. Se instaló en las ciudades, como Barbastro o Monzón, e incluso Zaragoza o Barcelona.

Cada vez que regresan al pueblo lo hacen mostrando una riqueza de la que carecen quienes se quedaron. Queda claro que el que se ha marchado vive mucho mejor, lo que aumenta la velocidad del proceso de la emigración. La gente no se marcha con pena, sino con la ilusión de vivir mejor y ser más libre.

Es cierto que yo he pasado la mitad de mi vida lamentando la emigración y la despoblación. De un tiempo a esta parte, lo veo de otro modo. Si la gente se marchó para estar mejor,

¿dónde está el problema? Sin embargo, tampoco puedo evitar sentir que, de alguna manera, al salir del pueblo también abandoné el paraíso. Había pasado una infancia muy feliz y, muchas veces, mientras estaba en la ciudad, añoraba aquellos años. Así que es una mezcla de nostalgia y romanticismo de tiempos que ya pasaron frente a una vida más próspera.

Me ha costado mucho asumir que si una cosa pierde su función, desaparece. Todo se va renovando. Todo va cambiando. Todo se termina.

Por eso también soy pesimista ante la posibilidad de que la gente, harta de las ciudades, regrese al pueblo. Porque en el pueblo hay algo muy difícil de soportar: la soledad. A mí me gusta la soledad del monte, soy muy anacoreta, pero vivir permanentemente aislado es muy duro. Para vivir en un pueblo pequeño o una aldea hace falta una extraordinaria fortaleza de espíritu.

Las cosas son así. Es triste. Podemos luchar para que las cosas no mueran. Las lenguas, las costumbres. Puedes echarlo de menos. Puedes sentir nostalgia. Puedes resistirte. Pero las cosas mueren, cambian o evolucionan.

13

Miradas a la muerte

Sudán del Sur

Aunque viajar es increíble, también duele dejar cosas atrás. Viajar conlleva decir adiós, te obliga a vivir muchas despedidas. Y es cierto que uno acaba acostumbrándose…, pero no del todo. El último beso antes de ir al aeropuerto o los abuelos que no sabes si estarán cuando regreses. Tú te vas, pero en casa todo continúa avanzando sin ti.

El de 2020 fue un año realmente extraño, la gran pandemia. ¿Qué cojones? Todavía me sorprendo cuando pienso en todo lo que llegamos a vivir y presenciar. Recuerdo estar en marzo en la India y regresar a casa a toda prisa días antes de que cerraran las fronteras.

Pasé el confinamiento en casa de mis padres y pude disfrutar de mucho tiempo libre. Aproveché para hacer todo eso que normalmente no puedo: leer, ver películas que tenía pendientes, entrenar un par de veces al día… Terminó el tiempo de encierro y comenzó el verano, y con este, las fiestas y las reuniones. Ya tocaba.

Tras el fin del estío llegaban las nuevas expediciones. A excepción de un par de viajes a Tanzania e Italia, en ese orden, llevaba siete meses en España. Extraño. El caso es que tenía ante mí un viaje de los grandes, así que tuve que vivir irremediablemente una de esas sufridas despedidas. Esa probablemente fue la más dura de todas (hablaré sobre esto en otro capítulo).

Benín, Sudán del Sur y Pakistán. La de años que llevaba soñando con estos lugares…

Aterricé en el primer país y me reuní con el gran Aníbal Bueno. No sabría ni cómo definirlo: periodista, antropólogo, fotógrafo, biólogo… Un auténtico genio. Allí nos conocimos y ese fue nuestro primer viaje.

Por aquel entonces, nos recibían en cada aeropuerto con trajes blancos y enormes máscaras. Tocaba pasar por diferentes controles y test de diagnóstico de la COVID-19, y nos rociaban líquidos como quien fumiga los árboles frutales. Vaya película.

Puede que Benín no sea uno de los países más conocidos del mundo, pero es realmente interesante. Una auténtica amalgama de diferentes culturas y grupos étnicos. Yo lo conocí tras investigar sobre el vudú, originario de estas tierras y una de las prácticas religiosas más presentes en casi la mitad de ese país.

El vudú, a menudo malentendido y estigmatizado popularmente, es en realidad una religión compleja

con una rica historia y una multitud de prácticas y creencias. Un aspecto poco conocido es la importante conexión entre los seres humanos y los loas, las deidades o espíritus del vudú. A diferencia de muchas otras religiones, donde la divinidad se percibe como algo distante o inalcanzable, en el vudú se cree que los loas pueden poseer temporalmente a los humanos durante las ceremonias. Esta posesión es percibida como algo sagrado y deseable, ya que permite una comunicación directa con lo divino. Por otro lado, todos tenemos presente la popular imagen del muñeco vudú utilizado para hacer daño a otras personas, pero esto es una interpretación errónea de la realidad. En el vudú auténtico, los muñecos (conocidos como *poppets*) suelen emplearse más para fines de curación y protección.

El primer día nos acercamos a un pequeño poblado y visitamos el templo del Trueno, un lugar en el que pudimos vivir un auténtico ritual animista en el que sacrificaron varios animales al ritmo de la percusión mientras bañaban con la sangre calaveras humanas. Habéis leído bien: calaveras humanas.

El sacerdote nos explicó cómo el dios del trueno gobernaba desde los cielos. Una forma realmente curiosa de entender el mundo. También conocimos a dos albinos. Eran tratados como dioses, al contrario que en Tanzania, donde son perseguidos y atacados.

Horas más tarde, durante esa misma jornada, llegamos a Ouidah, la capital espiritual del país. El Vaticano del vudú. Me sumergí en otro ritual, en este caso de iniciación. También sacrificaron varios animales durante varias horas. Ese fue un reportaje documental verdaderamente impactante.

Durante la siguiente semana recorreríamos, junto a un pequeño grupo organizado de la empresa de Aníbal (Last Places), una buena parte del territorio para convivir con diferentes etnias. Así, estuvimos con los ditamaríes del famoso Tata Somba, alucinamos con los jinetes baribas a lomos de sus caballos, conocimos los campamentos nómadas fulanis y los mágicos poblados tanekas, y tuvimos un encuentro con la tribu holi, probablemente los últimos caníbales de África Occidental.

Tras esa semana de ensueño, terminamos en Sudán del Sur. Se trata de uno de los países más inestables del mundo, un auténtico estado fallido. Su gente lleva sufriendo la guerra y la desidia desde que nació. Muchos nacieron con guerra y con guerra murieron.

En los años sesenta, Sudán consiguió independizarse de Francia. Comenzó entonces una terrible guerra por la emancipación de Sudán del Sur, que se prolongó hasta 2011. Esto dio pie a una consecución de violentos conflictos por tomar el control y el poder de la nación. En un contexto cruel y sanguinario, la vida no vale nada.

Justamente unos meses antes de nuestra llegada a Yuba (la capital del país) se había firmado un acuerdo de paz, o algo parecido. La situación estaba más calmada, pero el ánimo de la población seguía siendo hostil, y con solo unos minutos caminando por la calle podías terminar en una comisaría. Yuba no solo es un lugar peligroso, también es terriblemente tedioso para organizar un viaje.

Solo pasamos unas horas en la ciudad, nuestro destino era las zonas tribales. Ya en los 4 × 4, comenzamos nuestra travesía hacia los campamentos mundaris.

Este pueblo nativo de Sudán del Sur es una de las culturas más sorprendentes del mundo. Habitan en zonas secas cercanas al Alto Nilo, llevan un estilo de vida nómada y en sus campamentos, con miles de vacas, no hay ninguna estructura ni vivienda. Duermen al raso entre sus reses, a las que llaman *watusi*.

Estos animales con enormes cornamentas (bastante más grandes que las de las vacas que conocemos) son realmente importantes para los mundaris, todo gira en torno a ellos.

Estas vacas tienen un carácter sagrado. Beben su leche, pero no ingieren su carne a no ser que la muerte del animal esté cerca. La rutina diaria de los hombres se basa en caminar varios kilómetros para que los animales puedan pasear y alimentarse. También las asean y dan masajes con ceniza, para protegerlas de los mosquitos. De hecho, los mundaris se enjuagan la cabeza e incluso la boca con la orina de las vacas, por lo que muchos de ellos tienen el pelo naranja. También las estimulan genitalmente con la boca, para que den más leche.

Marvin Harris, un antropólogo cultural estadounidense, propuso una teoría materialista para explicar por qué algunas culturas consideran las vacas como sagradas. Según Harris, esto se debe a razones económicas y ecológicas más que a factores religiosos o espirituales. En su libro *Vacas, cerdos, guerras y brujas* (1974), argumenta que, en sociedades como la de la India, las vacas son más valiosas vivas que muertas debido a su papel en la agricultura y la economía. Por ello, el sacrificio y consumo de estas vacas resultaría en un beneficio a corto plazo (por la carne), pero a largo plazo tendría graves consecuencias para la agricultura y la economía. Por lo tanto, las vacas se consideran sagradas y no se matan, no tanto por motivos religiosos como por una razón práctica que se ha codificado en la religión y la cultura para proteger este valioso recurso.

La situación cuando llegamos era difícil debido a la escasez de alimento: los mundaris llevaban meses sobreviviendo a base de leche de vaca y algunos peces del río. Además, los animales estaban enfermos. Sufrían de fuertes diarreas y morían al cabo de unos días. Nos pidieron que les compráramos las medicinas necesarias en la ciudad y así hicimos.

El día a día en esa zona fue extremadamente duro. En el campamento solo hay actividad en el amanecer y el atardecer, ya que durante el resto de la jornada los hombres se van con las vacas. Solo quedan algunas mujeres y niños. El calor es horrible, además de la cantidad de mosquitos y algunas serpientes venenosas que aparecían entre nuestras tiendas de campaña.

La vida de los niños es dura. Son los encargados de amontonar los excrementos de vaca con los que después crean hogueras humeantes; por eso siempre están desnudos y arrastrándose por el suelo en busca de más heces. Muchas veces no los tratan bien, no tienen ninguna autoridad. Tanto es así que ni siquiera tienen nombre: cuando se convierten en adultos, los niños escogen el nombre de su vaca preferida.

En resumidas cuentas, los campamentos mundaris se podrían definir como una especie de paraje distópico con enormes extensiones de vacas y atosigantes columnas de humo, controlado por hombres armados hasta los dientes. No solo con fusiles ligeros, también con armamento pesado. Vaya panorama.

Aníbal me contó que, años atrás (él ya había estado antes), todos los mundaris creían en un dios llamado Ngun, con el que se conectaban a través de los cuernos de sus vacas. Estos animales eran los médiums. Sin embargo, en la actualidad, y tras alguna insistente misión cristiana, ya solo hablaban de Jesucristo.

Después de algunos días en esta zona, nos dirigimos hacia un aeródromo de Yuba, desde el cual volamos en una pequeña, antigua e inestable avioneta hasta otra región llamada Kapoeta. Allí se pueden encontrar diferentes grupos étnicos conviviendo en un entorno ciertamente hostil.

Nosotros estábamos centrados en los toposas y los larims. Estos primeros son auténticos traficantes de armas (y en el pasado, de marfil), desde Uganda y Sudán del Sur hasta Etiopía. Recorrimos algunos poblados compuestos por viviendas en forma de choza de varias familias.

Movernos por aquellos caminos no fue tarea fácil, incluso los 4×4 quedaban atrapados continuamente en el lodo de esos senderos. Pero fue esto justo lo que nos salvó la vida algunos días más tarde.

Durante nuestra estancia en el territorio toposa vivimos experiencias de todo tipo. Nos encontrábamos vehículos atrapados y abandonados en el cauce de los ríos que nosotros también teníamos que cruzar; se me cayó el móvil y un joven me lo robó, pero lo conseguí recuperar; tuvimos que salir pitando de algunos poblados para no quedar atrapados por la lluvia… Vaya aventura.

Unos días más tarde viviría mi experiencia más cercana a la muerte. Nos dirigíamos hacia el montañoso territorio de los larims a través del único camino que lo conecta con las tierras toposas. Un estrecho sendero de tierra con enormes bañeras de lodo y rodeado por un frondoso bosque. Además, la zona es peligrosa debido a las milicias.

Avanzábamos, lentamente, pero avanzábamos. Un vehículo quedaba atrapado y lo liberábamos con el otro, ya que íbamos en dos 4×4, hasta que llegó un punto en que el nuestro, con barro hasta las ventanillas, ya no pudo continuar. Aníbal y yo salimos por las ventanillas y saltamos hasta un costado del camino. Nos subimos en el otro 4 × 4 y continuamos conduciendo. El *fixer* (guía local) no cabía, así que iba sentado encima del coche.

Lo que nosotros no sabíamos es que, el día anterior, un grupo de toposas había asaltado y matado a dos hombres larims para robar unas vacas. Debido a esto, un grupo de larims habían organizado una mortal emboscada en este camino que nosotros transitábamos. Dicha emboscada no tenía nada que ver con nosotros, pero ellos tiroteaban y mataban como venganza a todo el que pasaba por ahí.

Ya habían asesinado a varias personas durante ese día y mataron a algunas más antes del fin de la jornada. Nosotros pudimos salvarnos gracias al coche que quedó atrapado y porque, como no cabíamos todos en el otro vehículo, el guía tuvo que sentarse encima. Él fue quien pudo divisar a los tiradores que ya nos estaban apuntando, y así pudimos dar la vuelta rápidamente.

Regresamos hacia el poblado de Kapoeta, pero la cosa no terminó ahí. Durante esa noche, los toposas rodearon y tirotearon diferentes poblados larims, y de esa forma llevaron a cabo la venganza de la venganza.

Cuando cesaron las tormentas, aquella vieja avioneta pudo venir a recogernos. Desde Yuba regresamos hacia los campamentos mundaris, donde tenía que volver para terminar el reportaje.

Recuerdo estar sentado con Aníbal una de las noches, cada uno en una silla y entre las carpas. Mientras me contaba viejos recuerdos y anécdotas de viajes pasados, me relató la trágica historia de cuando la malaria, que contrajo en esos mismos campamentos mundaris, casi lo mata.

Aníbal Bueno

Mi primer viaje a Sudán del Sur para visitar a la comunidad mundari tuvo lugar en 2018. Fue algo caótico, pero no podía esperar otra cosa de un país sumido en una interminable y sangrienta guerra, quizá una de las más devastadoras de la historia del continente africano. Atravesábamos la seca sabana que habría de llevarnos al campamento de ganado de esta comunidad nómada, y yo lo hacía con miedo a que, de entre la maleza, apareciera algún hombre armado que detuviera nuestro vehículo. Aunque, como supe después, no era aquel el peligro que me aguardaba en aquella región.

Llegamos a nuestro destino y, debido a las lluvias, todo el margen del río Nilo se encontraba inundado, por lo que tuvimos que nadar hasta alcanzar una de las islas donde se asentaban los mundaris. La experiencia que allí viví fue impactante y única, pues el *fixer* que me había acompañado hasta el campamento se perdió al día siguiente de nuestra llegada, mientras iba en busca de comida. Así que tuve que permanecer completamente solo entre un centenar de mundaris y miles de imponentes vacas durante varios días. Esas jornadas transcurrieron mientras realizaba, quizá, algunas de las mejores fotografías que haya hecho nunca y presenciaba una de las culturas tribales más fascinantes del mundo.

Finalmente, mi *fixer* volvió a aparecer para llevarme de nuevo a Yuba, capital del país más joven del mundo. De vuelta a casa, ya en el avión, repasaba el material fotográfico que había obtenido y revivía cada uno de los intensos momentos que compartí con esta comunidad tan vinculada a su ganado. Era increíble todo lo que había vivido y, además, creo que el haber estado solo dotaba de cierta magia adicional a la experiencia. Sin embargo, no podía dejar de rascarme las molestas picaduras de mosquito que cubrían cada rincón de mi piel. Llevaba ocho años viajando por diversos rincones de África y nunca había sufrido tanto a estos insectos como en aquella isla en mitad del Nilo. La comezón era horrible.

El mosquito es la criatura que más humanos ha matado. Específicamente, la amenaza mortal de los mosquitos radica en su habilidad de transmitir enfermedades a los humanos, lo que conduce a la muerte de al menos dos millones de individuos cada año. Entre las infecciones transmitidas se encuentran enfermedades severas como la malaria y el dengue, las cuales son especialmente prevalentes en África y algunas áreas de Asia y América.

El siguiente viaje a África, tres meses después, fue muy diferente. En este caso se trataba de un trabajo como guía fotográfico en una breve excursión a Cabo Verde, el Caribe africano: playas, pescado frito, buenos hoteles y algún pequeño *trekking* de montaña para visitar los fuertes que dejaron los portugueses en esta antigua colonia. No era un viaje difícil, solo debía controlar que la comida estuviera lista a su hora y buscar la mejor luz para inmortalizar los paisajes. Sin embargo, lo que parecía un viaje idílico en un entorno paradisiaco se tornó en una pesadilla.

Finalizaba el cuarto día de viaje y nos encontrábamos cenando en la localidad de Rui Vaz cuando comencé a encontrarme muy mal y decidí subir a mi habitación y me despedí del resto del grupo. Me tumbé en la cama y traté de conciliar el sueño, lo cual no conseguí hasta un par de horas después, cuando me levanté a vomitar. El resto de la noche lo pasé sufriendo dolor de cabeza, fiebre y náuseas ocasionales. Pese a no haber descansado mucho, al día siguiente amanecí con energías y sin ningún síntoma. «Habrá sido algo puntual», pensé.

Por desgracia, estaba muy equivocado. Los días pasaban y el malestar se repetía cada noche. Durante el día no sentía ninguna molestia, pero por las noches me invadían la fiebre, las náuseas y los dolores. De modo que decidí acudir a un médico. Tras explicarle lo que me ocurría, me diagnosticó fiebre tifoidea, lo cual fue un alivio, pues pude comenzar con un tratamiento para mejorar aquellos malestares nocturnos.

No obstante, después de varios días, los síntomas no parecían remitir y yo cada vez me encontraba con menos fuerzas. A tan solo dos jornadas de concluir el viaje, mientras nos trasladábamos en autobús a la playa de Calhau, me puse en pie con la intención de explicar al grupo lo que íbamos a ver aquella tarde. De repente, comencé a sentir mucho frío. Le pregunté a la persona que estaba junto a mí si sentía lo mismo, a lo que respondió: «Aníbal, estamos a más de cuarenta grados». Acto seguido comencé a temblar de una forma intensa. Notaba muchísimo frío. Los temblores se convirtieron en fuertes convulsiones y caí desplomado al suelo del autobús. A partir de ahí solo recuerdo una borrosa visión de los miembros del grupo poniéndome ropa encima y una voz que gritaba: «¡Hay que llamar a una ambulancia!».

Me llevaron a un hospital. La recepcionista, con semblante de preocupación (cosa que no ayudaba en absoluto), dijo que jamás había visto un caso tan grave de esta enfermedad. Me ingresaron. Y recuerdo estar agonizando, mirando al gotero y pensando qué iba a ser de mí. Una hora más tarde apareció un doctor para extraerme algo de sangre y analizarla. La incertidumbre por estar allí esperando, sin saber qué ocurría, fue horrible. Finalmente, el médico llegó portando un informe y me dio la noticia: «Tienes malaria y necesitas tratamiento urgente». Puesto que en ese hospital no contaban con primaquina, el medicamento necesario para tratar el paludismo, tuvieron que trasladarme a otro centro en una ambulancia, vehículo que no era más que un 4 × 4 con asientos de hierro, donde yo mismo tenía que sujetar el gotero que me suministraba calmantes mientras trataba de que no se derramase con los continuos baches del camino.

En este segundo hospital, tardaron unas interminables tres horas en atenderme, mientras yo cada vez tenía menos fuerzas. Me consumía en aquella sala de espera. Cuando por fin pasé a consulta, el médico dijo que tendrían que repetir los análisis, pues no podían medicarme con un diagnóstico procedente de otro centro sanitario. Ya no tenía hambre, no quería siquiera beber ni hacer nada que no fuese recibir mi medicación contra aquello que me estuviera consumiendo por dentro. Me costaba andar y hasta respirar. Pasada la medianoche, los resultados llegaron: en el informe se reflejaba que mi estado de salud era completamente normal, que estaba sano, tan solo tenía las plaquetas un poco bajas. ¿Cómo era esto posible? Llevaba más de una semana agonizando mientras recorría el país, vomitando, con fiebre y sin fuerzas. Traté de hacer entender a la doctora que debía haber un error en los análisis. Además, tenía unas pruebas positivas de malaria, de aquella misma mañana. No sirvió de nada, me acompañaron a la salida de malas maneras, diciendo que solo necesitaba descansar.

De vuelta al hotel, agotado y de nuevo vomitando, fui notando cómo la fiebre se apoderaba de mi cuerpo. No sabía qué hacer. Únicamente pensaba en que restaban escasas veinticuatro horas para el vuelo que habría de llevarme de vuelta a casa. Debía resistir ese tiempo como fuese y, una vez en España, acudir al hospital.

El día siguiente transcurrió en cama, sufriendo unos síntomas cada vez más agudos y simplemente enfocando mi mente en el paso de las horas. Cerraba los ojos y me visualizaba llegando a casa, con mi familia, recibiendo asistencia sanitaria. Solo quería salir de allí y que alguien me diera la medicina que necesitaba.

Por fin llegó la hora de ir al aeropuerto. Moulaye, el guía local que había estado cuidándome todo este tiempo, me llevó hasta el mostrador de facturación de aquel minúsculo edificio que hacía las funciones de aeródromo, puso mi maleta sobre la cinta y se encargó también de hacer el *check-in* de mi billete, pues yo apenas podía hablar o mantenerme en pie. La gente me miraba, y no me extraña: me encontraba tumbado en el suelo, cubierto con un abrigo y temblando. Alzaba la vista de vez en cuando a las pantallas de información deseando que, cuanto antes, apareciera el aviso de embarque. Pero el destino aún me tenía preparado un macabro giro. Veinte minutos antes de la salida programada, unas grandes letras rojas aparecieron en el monitor: «Cancelled». El mundo se me vino abajo. Perdí toda esperanza. No sabía qué iba a ser de mí.

Lo siguiente que recuerdo es estar en un microbús con el que nos trasladaban, a todos los afectados por la cancelación, a un hotel. Nos reubicaban en un vuelo dos días después. Dos días era demasiado para mí. No aguantaría. La gente estaba enfadada, gritando y quejándose de la situación. A mí me daba todo igual. Mi cuerpo era un peso muerto y solo se movía mi mandíbula, que castañeteaba a una velocidad de vértigo. No soy capaz de imaginar qué pensaría quien me viese, en un rincón de aquel vehículo, haciendo ese ruido con los dientes, la mirada perdida y una manta sobre mí.

Al llegar al hotel, caí desplomado al suelo de la recepción. Mi guía local y amigo pidió urgentemente acceso a una habitación. Tras conseguir las llaves entré y me dejé caer en la cama. Ahí estuve un par de horas. Mirando al techo. Empapando el colchón con mi sudor, que creaba un charco cada vez mayor. No podía más. Hasta ahí había llegado mi vida. Pensé en mis hermanas, en mis sobrinas, pensé en Lucía (mi pareja, a la que acababa de conocer), pero sobre todo pensé en mi madre, quien había perdido a su marido (mi padre) unos meses antes y a quien le iba a dar otro terrible disgusto. Instantes después de estos pensamientos, mis ojos se cerraron y no pude volver a abrirlos, no me quedaban fuerzas.

De repente, oí una voz temblorosa que me despertó de mi letargo: «Vamos al hospital». Se trataba de Moulaye, mi guía, mi compañero. «No puedo, no tengo fuerzas, no soy capaz ni de abrir los ojos», respondí. «No te voy a dejar aquí, tengo que llevarte al mejor hospital que encuentre. Te estás muriendo», dijo entre lágrimas. «Por favor», añadió. Hice un esfuerzo por incorporarme o abrir los ojos, pero fue completamente inútil. Cualquier atisbo de energía me había abandonado. Un momento después noté cómo Moulaye me elevaba, colocándome sobre sus hombros: «Nos vamos».

Desconozco durante cuánto tiempo me transportó por la ciudad de Praia. Mi siguiente recuerdo fue sentir unos golpes en la cara y la voz de una enfermera diciendo: «Despierta, Aníbal. Tienes dos tipos de malaria diferentes que requieren tratamiento inmediato». Pude sentir que me encontraba sentado en una silla de ruedas, en el vestíbulo de un nuevo hospital. Me indicaron que no podían proporcionarme tratamiento hasta que lo pagara. No tenía un solo céntimo en efectivo, por lo que di a Moulaye mi tarjeta de crédito y el código, y le indiqué que buscase un banco.

Poco después, fui ingresado en la unidad de cuidados intensivos del hospital. Una joven doctora me dio un bote con veinte pastillas iguales y me dijo que debía tomarlas. «¿Cada cuánto?», pregunté. «Ahora mismo, todas de golpe», fue su respuesta mientras me urgía a ingerirlas lo antes posible.

Permanecí dos largas semanas aislado en aquel hospital. En cuarentena, pues no se me permitía traspasar la mosquitera que recubría mi cama. Uno de los tipos de malaria que habían detectado en mi sangre no estaba presente en Cabo Verde, por lo que había importado aquella enfermedad de mi viaje anterior, de aquel poblado mundari junto al Nilo.

La malaria, transmitida por el mosquito *Anopheles*, se cobra la vida de unas cuatrocientas mil personas anualmente, en su mayoría niños, y deja incapacitados por varios días a más de doscientos millones de infectados. Existen cuatrocientas cincuenta variedades distintas de parásitos de la malaria que atacan a animales en todo el mundo, y cinco de ellos afectan a los seres humanos. Así, no es sorprendente que, en 1883, el biólogo escocés Henry Drummond afirmara que los parásitos representan una «violación de las leyes de la evolución y el mayor crimen contra la humanidad». Esta declaración no es en absoluto exagerada. La malaria se cobra una vida cada treinta segundos. En términos económicos, y enfocándonos solo en África, representa aproximadamente entre treinta mil y cuarenta mil millones de dólares anuales en pérdidas de productos comerciales.

Mi caso, por extraño, se hizo conocido en el país. Me visitó la ministra de Sanidad y algunos estudiantes de la facultad de Medicina (que tomaban notas mientras, en portugués, debatían sobre mi salud); hasta la embajadora de España se acercó a tratar de ayudarme. Respecto a mi situación clínica, ingresé en un lamentable estado, prácticamente muerto, delirando y con el cuerpo repleto de zonas enrojecidas, fruto de la ausencia de plaquetas en mi cuerpo. Mi seguro médico en España preparó un helicóptero medicalizado con la intención de proceder a la repatriación, iniciativa que se suspendió cuando los doctores africanos indicaron que cualquier pequeño movimiento o golpe podría provocarme una hemorragia interna: era más peligroso desplazarme que simplemente esperar y comprobar si la medicación surtía efecto. Esta ausencia de plaquetas en sangre era muy patente, pues cada vez que alzaba un vaso para beber agua quedaban en mis manos, marcadas en sangre, las zonas por donde había agarrado el recipiente.

Los días pasaron y, por fin, mi salud fue mejorando. Aun así no recibía el alta médica. Una especie de mafia parecía querer retenerme en aquella cama con el fin de reclamar el máximo importe posible a mi seguro. Hasta tal punto que había un vigilante de seguridad en la habitación común donde yacíamos unos quince enfermos y que no me dejaba salir.

Los días allí se tornaron insoportables: la cama era de hierro y no estaba articulada, las visitas estaban limitadas únicamente a diez minutos al día, la luz permanecía encendida las veinticuatro horas y los gritos de los pacientes se sucedían sin descanso. Tenía que salir de allí como fuera o iba a enloquecer. Ya me sentía completamente recuperado y todos los análisis indicaban que estaba bien. Se trataba de una cuestión burocrática.

Hablé con Lucía, que es enfermera, y trazamos el plan de escapar por la ventana. Ella se encargaría, una vez fuera, de quitarme la vía que llevaba anclada a las venas. De modo que, en un instante de descuido del guardia de seguridad, abandoné mi cama y saltando por la ventana llegué al jardín principal del hospital. Allí estaba ella esperándome. Corrimos hacia el exterior sin mirar atrás. En nuestra huida nos encontramos con la embajadora española, que se dirigía hacia el centro hospitalario, a visitarme, y no comprendía aquella situación. Nada me importaba, solo recuperar una vida que se había visto truncada, semanas atrás, con unas extrañas convulsiones. Cuando llegué al hotel, por fin, me sentí libre y vivo. Había vuelto a nacer.

14

La Nación de los Pies Ligeros

Chihuahua (México)

Quiero hablaros de alguien muy especial que conocí hace casi ya tres años (cuando estoy escribiendo estas palabras) y que hoy en día es una de las personas más importantes de mi vida. Alguien con quien conecté desde el primer momento.

Ella es Irati Suárez, mi pareja y compañera de aventuras. Esta es la historia de cómo nos conocimos y los primeros viajes que vivimos juntos.

Me remonto a comienzos del año 2020, cuando aquella gran pandemia rompió con todos nuestros planes y nos obligó a encerrarnos en nuestros hogares. De repente, se cerraron las fronteras internacionales, por lo que no se podía viajar; ni siquiera estaba permitido salir del propio municipio.

Esto provocó que tanto ella como yo permaneciéramos en casa, algo que por aquel entonces ya era poco habitual en ambos. Yo debía estar en Siria y ella trabajando en Ibiza y, afortunadamente, no sucedió así.

Nos conocimos en mi pueblo, en el lugar donde me he criado: Castro Urdiales, en Cantabria. Si bien nunca nos habíamos visto, su ciudad y la mía están a escasos treinta kilómetros. Ella vino a trabajar en un bar y así nos vimos por primera vez, el cliente y la camarera.

Era el mes de junio y parecía avecinarse un extraño verano. Los horarios de salida estaban limitados, los bares y establecimientos de ocio tenían extrañas normas y siempre nos perseguía esa duda de si nos volverían a encerrar.

Coincidimos en contadas ocasiones donde ella trabajaba y en alguna fiesta más. Poco tardó en surgir esa llama que aún vibra como el primer día. La realidad es que parecía como si nos conociéramos desde hacía años. Un mes atrás no sabía de ella y, de un momento a otro, pasábamos juntos las veinticuatro horas del día. La confianza era plena.

Durante aquellas semanas comencé a sentir dentro de mí cosas que no había experimentado nunca. Finalmente, fue un verano de mil historias y emociones, de todo tipo de vicios y de placeres. Lo pasamos en grande. Siempre estábamos ahí para apoyarnos y nuestras rutinas diarias se fusionaron en una.

Algún tiempo más tarde, y con el verano a punto de acabar, debíamos regresar a nuestras vidas, volver a trabajar. Las fronteras comenzaban a abrirse: Irati tenía trabajo en California y mi deber era retomar los viajes. ¿Qué iba a ser de nosotros?

En ese momento, nada me dolía más que la idea de separarnos por tres meses. Era tan increíble y bonito lo que estábamos viviendo que ¿por qué teníamos que parar?

Recuerdo el día de la despedida en el aeropuerto de Bilbao; yo tenía un nudo en la garganta que no me dejaba respirar. Solo quería poder parar el tiempo o incluso rebobinar al comienzo del verano. Qué duro. Nunca en mi vida había vivido algo así.

Durante ese tiempo estuvimos prácticamente incomunicados. Primero por la diferencia horaria y después porque yo me encontraba en zonas remotas de Benín, Sudán del Sur y Pakistán, por lo que casi no tenía conexión. Tengo que admitir que no fue fácil. Podrá sonar lo más ridículo del mundo, pero esa situación me hizo pasar momentos duros. Supongo que ella vivió algo parecido desde California.

Nos reencontramos después de navidades, en México. Superamos esa gran prueba y desde entonces nos hemos conocido y disfrutado, peleado mil veces, comenzado proyectos juntos y viajado por todo el mundo. Hemos explorado de la mano países increíbles como Ecuador, Irán, Siria, Argentina, Etiopía, Egipto, Colombia o Indonesia.

Encontré aquello que llevaba años pensando que debía ser imposible. Alguien a quien le apasionara lo mismo que a mí y que tuviese la posibilidad y las ganas de llevar una vida nómada. Pasar mucho tiempo fuera de casa y lejos de los nuestros. Descubrí que era mucho más feliz cuando, además de viajar, lo hacía con ella al lado.

Pero no tan rápido, volvamos a aquel enero de 2021, en México. Nos reencontramos en Cancún y fuimos directamente a Playa del Carmen, Holbox y Tulum. Teníamos muchas ganas de vernos y eso se notaba en todo momento. Se me escapa una sonrisa mientras escribo estas palabras.

No todo fue fiesta y pasión, también aprovechamos para sacarnos la titulación *advanced* de buceo sumergiéndonos en los cenotes, un barco hundido, arrecifes de coral y bancos de tiburones toro. Ese fue el primer capítulo de mi ahora conocida serie *Secretos de los océanos*, que podéis encontrar en mi canal de YouTube.

Teníamos dos semanas por delante y comencé a organizar un par de destinos dentro del país. Chihuahua y Sonora fueron los estados elegidos, y ¡vaya elección!

Llegamos primero a la gran Chihuahua, del tamaño de España. Allí conocimos a los amigos Rodrigo y Manu (hoy en día Manu es el líder de expedición de Ojo de Nómada en Chihuahua), y con ellos comenzamos a recorrer las magníficas barrancas del Cobre.

Estas barrancas son uno de los lugares más bellos e increíbles que he conocido nunca. Son profundas, enormes, inabarcables. Un paisaje de película. Recorrimos kilómetros en un 4 × 4 y preparamos campamentos en mitad de las montañas.

Las barrancas del Cobre, también conocidas como el cañón del Cobre, son un sistema de cañones situado en la sierra Tarahumara, en el estado de Chihuahua, en el noroeste de México. Este sistema es más grande y más profundo que el Gran Cañón de Arizona en Estados Unidos. El conjunto mexicano comprende seis cañones individuales, todos ellos formados por los ríos que fluyen a través de la Sierra Madre Occidental. En total, las barrancas del Cobre abarcan una superficie de aproximadamente sesenta y cinco mil kilómetros cuadrados. El río principal que las recorre es el río Urique.

Allí encontramos a la etnia rarámuri, también conocida como tarahumara. Se trata de un pueblo milenario proveniente de estas montañas y célebre por ser los mejores corredores de largas distancias del mundo. De hecho, *rarámuri* significa «pies ligeros». Es la nación de los pies ligeros. El famoso libro *Nacidos para correr*, de Christopher McDougall, está inspirado en ellos, lo que también los dio a conocer ante el mundo entero.

Son muy tímidos y conseguir una convivencia natural y espontánea con ellos es casi imposible. Prácticamente nunca te miran a los ojos, por lo que es difícil incluso establecer cierta complicidad.

Aun con esta complicación, los rarámuris nos aceptaron y nos dieron una agradecida bienvenida. Prepararon también un *yúmare*, un importante ritual tradicional en el que pudimos ver sus típicos juegos y carreras y compartir diferentes comidas típicas.

Por increíble que parezca, los rarámuris son capaces de correr decenas e incluso cientos de kilómetros alimentándose únicamente con pinole o harina de maíz, y con unos trozos de neumático en los pies. Y es que ellos visten unos «zapatos» confeccionados a mano a partir de neumáticos, a los que llaman huaraches.

Algunos de estos corredores han batido récords inimaginables y ganado a los mejores del mundo en distintas pruebas y competiciones. Casi nadie los alcanza, su resistencia roza lo sobrehumano.

Los rarámuris son una tribu que tiene la asombrosa habilidad de correr descalza durante largas horas, cubriendo hasta trescientos kilómetros sin tomar un respiro. Pero lo que de verdad impresiona de esta comunidad es su capacidad para lograr tal hazaña a alturas de dos mil metros o más, ya que residen en acantilados más elevados que la morada de un halcón. Su resistencia mítica fue reconocida por primera vez por el Gobierno mexicano en el siglo XIX, por lo que frecuentemente se les contrataba para la entrega de correspondencia a lugares alejados. Pronto su fama traspasó las fronteras nacionales. En 1920, los coordinadores de una maratón de cuarenta y dos kilómetros en Kansas les extendieron una invitación para competir. Los tarahumaras contestaron enviando a tres mujeres de su comunidad. Este hecho dejó perplejos a los organizadores, quienes mandaron un mensaje al líder de la tribu para preguntar por qué solo habían enviado a mujeres. La respuesta fue que una distancia de solo cuarenta y dos kilómetros era demasiado breve como para justificar el envío de hombres.

Durante nuestra travesía a través de esta gran cordillera llegamos al municipio de Urique, donde descubrimos algunas de las leyendas rarámuris y pudimos conocer sus historias de primera mano. Ellos son…

Miguel Lara y Arnulfo Químare

Soy Miguel Lara Viniegras y pertenezco a la comunidad de Porochi, situada en el municipio de Urique, Chihuahua. Empecé a correr cuando tenía diecinueve años. Quería ser igual que los corredores que quedaban en primer lugar. Al siguiente año, ya lo logré. He ido a correr a Colorado y a Arizona. También he corrido en Panamá y Francia.

Normalmente, entreno cada tres días o una vez por semana. Mi alimentación es normal. Durante la carrera consumimos pinole, que es maíz tostado que luego se muele hasta reducirse a polvo. Basta con disolverlo en agua para tomarlo.

Lorena Ramírez, una rarámuri, participó en 2018 en una ultramaratón celebrada en el Teide. Para la ocasión, llegó vestida con su traje tradicional y las huaraches, unas sandalias típicas. La ultramaratón atravesó el Parque Nacional del Teide, alcanzó altitudes superiores a los 3.500 metros y contó con la presencia de 2.400 corredores de 38 países. Lorena Ramírez completó los 102 kilómetros en un tiempo de 20 horas, 11 minutos y 37 segundos, logrando la quinta mejor marca en la clasificación femenina general. Lorena se convirtió así en la primera mujer rarámuri en competir en una ultramaratón en Europa. Fue invitada por la organización de la Tenerife Bluetrail después de quedar en primera posición en una carrera de 50 kilómetros en Tlatlauquitepec, en Puebla, en el centro de México. Aunque no ganó, su desempeño fue extraordinario considerando que no se había entrenado específicamente para esa carrera, sino que su condición física era resultado de su estilo de vida en las montañas.

Yo soy Arnulfo Químare. En 2018, rompí el récord de la Maratón Caballo Blanco al cubrir 80 kilómetros en 6 horas, 18 minutos y 22 segundos.

Una vez participé en una carrera en la que diferentes países del mundo llevaban equipos de corredores para tratar de comprobar quién era capaz de aguantar más horas corriendo. Fue la carrera más difícil para mí. En una hora

debías recorrer siete kilómetros. Al tercer día corriendo, empecé a cansarme. Además, yo no podía llegar solo, tenía que hacerlo con mis compañeros. Para clasificarse, debían quedar como mínimo dos corredores de cada equipo.

Al final, hice 63 horas. Una mala pisada hizo que me lesionara. El dolor era cada vez más fuerte. Más de 420 kilómetros. Más de 60 horas. Tres días corriendo en la barranca. Quedamos segundos, nos ganó el equipo belga, que hizo 70 horas.

Existen indicios que sugieren que los rarámuris podrían ser una especie de tribu legendaria de superatletas de la Edad de Piedra, si consideramos las investigaciones que sugieren que los seres humanos tal vez corrían más rápido en el pasado que en la actualidad. En 2005, un grupo de antropólogos halló un descubrimiento asombroso en la región de los lagos Willandra, en Nueva Gales del Sur: huellas de pisadas del Pleistoceno. Estas huellas pertenecían a varios adultos y niños, y entre ellas se encontraban las pisadas de un hombre que había estado corriendo sobre la fina capa de fango que rodeaba el lago. Al calcular la profundidad y la ubicación de las huellas, los investigadores pudieron estimar que la velocidad de aquel hombre era de 37 km/h. Estos hallazgos proporcionan respaldo a la idea de que los rarámuris poseen habilidades atléticas excepcionales, heredadas de una época en la que los humanos eran capaces de alcanzar velocidades impresionantes.

Corrí, entre otras, la Maratón Caballo Blanco, de ochenta kilómetros. Esta es una famosa competición de larga distancia que se celebra anualmente en la región de las barrancas del Cobre. La carrera está inspirada en la historia de Micah True, un corredor estadounidense apodado Caballo Blanco, que vivió y entrenó en las montañas de la sierra Tarahumara. La carrera fue creada con el objetivo de promover el deporte y la cultura de los tarahumaras.

La distancia del recorrido varía, pero generalmente incluye opciones de maratón (cuarenta y dos kilómetros) y ultramaratón (ochenta kilómetros o más).

También he corrido en España, Francia, Japón, Estados Unidos (Colorado, Los Ángeles), México... La primera vez que gané el Caballo Blanco fue en 2006. Logré la victoria con un margen de unos cinco o diez minutos, lo cual, dicen, es una ventaja extraordinaria.

15

El viaje con el veneno del sapo del desierto

Sonora (México)

Tanto Irati como yo guardamos un gran recuerdo de Chihuahua y esperamos el momento de poder volver. Lo mismo nos ocurre con Sonora, el que fue nuestro siguiente destino.

Volamos desde la ciudad de Chihuahua hasta Hermosillo (capital de Sonora) y allí nos encontramos con el gran Héctor, de Expedición América. Tras una noche en ese lugar, comenzamos a viajar en su preciosa combi hacia las costas del estado.

Nuestra misión era llegar hasta los indígenas comcaacs, también conocidos como seris, que habitan en las costas de bahía de Kino y la isla Tiburón.

La economía de los seris ha estado tradicionalmente basada en la pesca, la recolección y la caza, aprovechando los recursos del mar y del desierto circundante. Han desarrollado un conocimiento profundo de su entorno, lo que se refleja en su idioma y en su cosmología. El arte también es un aspecto importante de la cultura seri, e incluye la cestería, la joyería y la creación de figuras de hierro (conchas de moluscos del mar de Cortés). Su música y sus danzas, a menudo relacionadas con su cosmovisión y sus creencias espirituales, también son aspectos significativos de este pueblo.

Aun siendo tierras costeras, se trata de una zona prácticamente desértica. Una gran extensión arenosa repleta de conchas y poblada por enormes cactus, rodeada a su vez de pequeñas lomas. Este pueblo es realmente interesante, ya que se desconoce su procedencia y no tiene relación genética con otros de la zona, ni su lengua tiene ninguna conexión con otros idiomas de la región.

Han sido víctimas de ataques y persecuciones durante toda la historia, y han llegado a ser expulsados de estos sus territorios originarios, lo que casi llevó a su desaparición.

En la actualidad, han podido regresar a la región y viven en el poblado de Punta Chueca. Solo puedes entrar allí con el permiso de los seris. Ni siquiera la policía mexicana tiene acceso, ellos rigen su propio orden.

Tras recibir ese permiso de entrada conocimos a Alberto Mellado, quien nos habló de la historia del pueblo comcaac y su mitología. Recuerdan y transmiten sus narrativas históricas a través de canciones y relatos. A lo largo del tiempo, estos relatos han ayudado a mantener viva su historia y su cultura. Las leyendas a menudo implican a animales y otras características naturales, que se personifican y actúan en roles similares a los humanos. Una criatura común en la mitología seri es la Xica o Xica hast ano coii, que se puede traducir como la «gente de antes». Se dice que estas criaturas mitológicas tienen la capacidad de transformarse en personas, animales o elementos de la naturaleza. Otro aspecto destacado de la mitología comcaac es la creencia en un ser sobrenatural conocido como Hant Ihiini, que se puede traducir como «El que vive arriba» o «Dios». Se cree que Hant Ihiini creó el mundo y todo lo que contiene.

Alberto Mellado

El universo fue creado por el Creador en ese primer estruendo que lo empezó todo. Así nació el universo, el cosmos, nuestra tierra. Con el tiempo, la tierra se llenó de agua, y después nacieron los continentes gracias a los animales del mar, como la tortuga marina, que es la que creó la tierra que acá pisamos. El Creador vino luego a dejar nuestra lengua, poniéndoles nombre a todas las cosas. Antes del tiempo en el que existimos, hubo un tiempo con otras leyes, otra física, otra química, donde animales se convertían en hombres y hombres se convertían en seres como nosotros. También había tres tipos de seres humanos: los gigantes colosales, los gigantes y nosotros. Sabemos que, durante generaciones, nuestro pueblo siguió el rastro de una nube que se detuvo aquí, en nuestra isla, y empezamos el siglo xx únicamente con 169 supervivientes. Y de esos proceden los 1.100 comcaac que existimos ahora. Desde entonces, intentamos adaptarnos a este tiempo moderno sin dejar de ser nosotros mismos.

Vivimos días muy especiales en esta zona prácticamente inexplorada. De la mano de los locales, encontrábamos fósiles de todo tipo, campamentos con conchas y puntas de flecha de los antiguos seris y muchísimos animales salvajes, la mayoría de ellos venenosos. También algunos trozos de antiguos caparazones de tortuga, ya que los niños jugaban lanzándose en ellos por las montañas como si fueran trineos.

Llevábamos ya varios días de campamentos cuando conocimos a Luis Miguel, uno de los grandes sabios de la comunidad. La voz de la sabiduría. Primero salimos a pescar con él, usando huesos de pelícano como señuelos bajo el agua, para llegar después a la mística isla Tiburón.

¡Qué fácil era pescar en el estrecho entre la isla y Punta Chueca! Sacábamos un pez, soltábamos de nuevo la pinta y en cuestión de uno o dos minutos volvíamos a subir otro pez. Repleto de vida.

Llegamos a la isla Tiburón para poder asar los peces en un pequeño fuego, fresco manjar. La isla era grande y con prominentes montañas. También bastante desértica, pues los animales y los vegetales no abundaban. Tan solo pequeños arbustos y el icónico borrego cimarrón.

Este lugar, sagrado para ellos, fue el elegido para nuestra ceremonia de *Bufo alvarius*. Y es que Luis Miguel era también uno de los reputados chamanes comcaacs, encargado en ese día de guiarnos en nuestro viaje.

En esta ceremonia se consume el veneno del sapo del desierto sonorense *Bufo alvarius*. El animal segrega la sustancia en situaciones de estrés y ellos lo dejan secar para convertir cada pequeña escama marrón en una dosis. Dicha escama se mete en una pipa de fumar y se evapora aplicando calor, para después absorber el humo.

Es mortal en grandes cantidades, pero se consume porque contiene 5-MeO-DMT, un alcaloide con efectos alucinógenos de la familia de las triptaminas. Tanto Irati como yo éramos experimentados en este tipo de viajes alucinógenos y psicodélicos (tanto con otras drogas como con el mismo bufo, en mi caso, ya que yo había hecho mi primera toma dos años atrás), pero la oportunidad de vivirlo en un contexto como ese nos interesaba mucho.

Estas sustancias son capaces de hacerte viajar y de vivir experiencias que nada tienen que ver con el resto de las drogas. No voy a decir que sea algo mágico ni que te cambia la vida, porque, aunque en algunos casos puede ocurrir, esta afirmación se ha convertido ya en un cliché. Hay que entender y respetar este tipo de prácticas, que, si bien en España y el resto de Europa muchas veces se relacionan con extraños gurús e incluso grupos sectarios, en América forman parte de la cultura y la historia. Crecen con ello y en algunos casos lo toman desde que son niños. Todas mis experiencias con esta clase de drogas han sido, de hecho, en las selvas y montañas de Latinoamérica.

Atención: también hablamos de algo delicado. Por supuesto, y por motivos obvios, su consumo es peligroso si no se hace con conocimiento y responsabilidad, por eso solo debe tomarse junto a alguien experimentado (y mejor aún si conoce la cultura de donde proviene dicha costumbre o pertenece a ella).

Sinceramente, he vivido experiencias que relaciono con zonas remotas de mi cerebro y memoria a las que, de otra forma, nunca habría podido acceder. Esta sustancia, que el ser humano alberga de forma natural en la glándula pineal, podría ser una llave fundamental que nos abra puertas a espacios y tiempos que aún no conocemos.

La glándula pineal es una pequeña glándula endocrina presente en el cerebro de los vertebrados que produce melatonina, una hormona que modula los patrones de sueño y vigilia. Su nombre deriva de su forma, que se asemeja a un pequeño piñón o piña. En el ámbito esotérico y místico, la glándula pineal ha sido asociada con el «tercer ojo» o el «ojo interior», y se dice que es el punto de conexión entre el cuerpo y el espíritu o alma. Este concepto se encuentra en muchas tradiciones espirituales y filosóficas, incluyendo algunas formas de hinduismo, budismo y nuevas corrientes de pensamiento. Se cree que cuando esta glándula está «abierta» o activada puede proporcionar percepciones espirituales y experiencias psíquicas. Algunos afirman que puede permitir la comunicación con otros reinos espirituales, la clarividencia o una mayor intuición.

En este caso fui yo quien lo tomé primero. Inhalé el humo y me tumbé sobre la arena de la playa. Luis Miguel cantaba y producía sonidos con diferentes instrumentos. El viaje dura entre diez y quince minutos, pero se vive de un modo intenso. Fue una experiencia realmente bonita, pero muy difícil de expresar o definir con palabras. En ese caso no tuve ninguna visión clara, pero recuerdo esas mil sensaciones y sentimientos volando por mi cuerpo al mismo tiempo. Me llené de amor y energía y, justo en ese momento, sentí cómo Irati, tras la señal del sabio, me abrazaba con calidez. Yo aún tenía los ojos cerrados, pero estaba completamente conectado con mis otros sentidos.

Recuerdo abrir los ojos, como quien vuelve desde otra galaxia al planeta Tierra, y quedarme atónito ante el bello atardecer que estaba teniendo lugar tras las enormes montañas de la sagrada isla Tiburón.

Después vino el turno de Irati. Ella viajaba y yo observaba las reacciones en su cuerpo. Era feliz porque sabía que ella estaba disfrutando. Tras la señal de Luis Miguel, procedí a abrazarla.

Fue un día fascinante y lleno de emoción, pero también de conocimiento. Podría haber pasado otras mil horas escuchando a aquel gran sabio.

Luis Miguel

Podemos sanar las almas. Sanar los cuerpos. Y creemos que la naturaleza es una parte de nosotros. Por esa razón, consideramos nuestras tierras vírgenes, sin hoteles, sin contaminación. Porque las respetamos y convivimos con la naturaleza.

La medicina del *Bufo alvarius* es nuestra aliada. Gracias a ella, hemos podido sobrevivir a enfermedades y pandemias. También podemos combatir el estrés, que genera el alma, no el cuerpo. Lo que hace el *Bufo alvarius* es sanar el alma. La resetea, lo que nos permite renacer. O reencarnarnos.

Para sanar a la persona, además de las sustancias, es necesario el canto. Para nosotros, el canto es lo que abre los portales para que el paciente pueda entrar en sí mismo. Por eso, cuando alguien toma la medicina, entra en trance y puede ver más que antes.

En 2009, compartimos esta medicina con la gente de fuera, con gente de la ciudad, pero aún poseemos muchos remedios secretos que nadie conoce. Se trata de conocimiento que nos vino dado por seres de otras constelaciones. Como la danza de la pascola, que la usamos para que el ego muera. Para interiorizar es mejor escuchar que estar hablando.

Cada comunidad en Sonora tiene su propio estilo para ejecutar la pascola, pero todas mantienen elementos indispensables. Por ejemplo, los trajes de los danzantes, compuestos por una manta blanca, y las máscaras de madera con largas cejas y barbas hechas de crines de caballo. También llevan cinturones con cascabeles y danzan siempre descalzos. Es esencial destacar que, para las comunidades indígenas de esa región, este ritual tiene una gran importancia. Si no se incluye en los eventos relevantes, estos pierden su esencia festiva. En el idioma cahíta, *pahko* —pascola en castellano— significa «fiesta».

Según nuestra forma de ver el mundo y la vida, con la muerte no se acaba todo. No existe la muerte. Porque el alma no muere, sino que trasciende a otro lugar. Todos venimos de una misma raíz y por eso existe, para todos y en cualquier lugar del mundo, la risa, el llanto o el canto. Todo es la esencia del mismo Creador. Por ese motivo, todos hemos sido concebidos por el mismo Creador.

16

Camino al Continente Blanco

La Antártida

Durante mis viajes, paso mucho tiempo divagando y reflexionando. ¿Cómo sería la vida aquí hace quinientos años? ¿Y hace cinco mil? ¿Cómo debía de vivir este grupo étnico antes del contacto con el exterior? Camino a través de ruinas históricas y me transporto al pasado. Las pirámides egipcias, Persépolis, los restos de Ugarit, templos en muchos países de Latinoamérica, Lalibela o incluso lo que queda de los desaparecidos imperios europeos. Pagaría lo que fuera por poder ver, aunque sea por unos segundos, cómo vivían los antiguos pobladores de cada lugar. Aprovecho para hacer mil preguntas a todos los historiadores que conozco para intentar así revivir el pasado.

Esto también me ocurre con los antiguos exploradores y sus expediciones. Cuando llego a un nuevo país, compro una tarjeta SIM y ya tengo internet. Me pierdo en la montaña, pero tengo un GPS a mi disposición. Puedo llegar a la otra punta del planeta en cuestión de horas. Qué fácil, ¿no?

Siglos atrás, incluso hace solo algunas décadas, todo esto era impensable. Semanas de travesía a lomos de un caballo, cruzar mares y ríos sin ningún registro de navegación, mapas convencionales y brújulas y mil peligros en el camino.

Hace apenas unas décadas, la mayoría de la gente no solo evitaba viajar lejos, sino que ni siquiera abandonaba su lugar de nacimiento. Un buen ejemplo de esta circunstancia es un estudio que realizó el experto en epidemiología David Bradley, que investigó y documentó los hábitos de viaje de cuatro generaciones de su familia, incluyendo a su bisabuelo, a su abuelo, a su padre y a él mismo, durante un periodo de cien años previo a la década de 1990. Los hallazgos revelaron lo siguiente: el bisabuelo de Bradley nunca se aventuró más allá de un área de unos cuarenta kilómetros cuadrados; su abuelo se movió dentro de unos cuatrocientos kilómetros cuadrados; su padre recorrió toda Europa, abarcando unos cuatro mil kilómetros cuadrados, mientras que el propio Bradley se transformó en un viajero incansable y cubrió los cuarenta mil kilómetros de la circunferencia terrestre.

Todavía hoy en día quedan algunos lugares en el planeta sobre los que tenemos muy poca información, donde adentrarse sigue siendo una verdadera aventura y los peligros acechan en cada esquina. Selvas de Papúa o del Congo, los fondos de los mismos océanos, desiertos como el Sahara o regiones frías como Siberia o Groenlandia… Pero creo que la Antártida es la joya de la corona.

Es interesante investigar sobre las primeras informaciones que tenemos sobre este lugar, que tiempo atrás fue un bosque templado. Y es que, hace unos cincuenta millones de años, cuando aún estaba conectada con Sudamérica, África y Australia, la actual Antártida era un cálido lugar boscoso poblado por diferentes tipos de mamíferos terrestres. Tras la separación se formó la corriente circumpolar antártica, lo que enfrió el mundo y convirtió a la Antártida en el Continente Blanco que conocemos hoy en día.

Existen registros romanos que recogen la existencia de la Antártida. Por supuesto, no habían estado allí, pero eso era lo que deducían de los resultados de algunos de sus estudios matemáticos sobre la masa y el reparto de los continentes de nuestro planeta. También podríamos mencionar el mapa de Piri Reis, cartógrafo otomano que dibujó lo que parecen ser las costas antárticas en 1513. Habría que esperar al año 1603, cuando el navegante español Gabriel de Castilla se convirtió en la primera persona del mundo en avistar el continente antártico, o al menos uno de los primeros. A partir de ese momento y durante los siguientes siglos, comenzaron las expediciones y travesías para saber más sobre la Antártida, hasta llegar a la encarnizada carrera entre Roald Amundsen y el capitán Scott para ser los primeros en alcanzar el Polo Sur o la gran hazaña del explorador Ernest Shackleton a bordo del Endurance.

En febrero de 2022 yo también llegué a la Antártida, y quiero contaros mi historia.

Todo comenzó en el sur de Argentina, en Ushuaia. Venía de estar viajando con mi pareja, Irati, a través de lugares como Buenos Aires, El Impenetrable (una gran región de bosque nativo de más de cuarenta mil kilómetros cuadrados en la llanura chaqueña occidental) o el Parque Nacional de los Alerces, y allí nos reunimos con nuestros grandes amigos y expertos buceadores Rafa Fernández y Gador Muntaner. Disponíamos de varios días en la capital de Tierra del Fuego y nos dedicamos a disfrutar de aquella maravilla de lugar: escalada de montañas y glaciares, travesías en avioneta y helicóptero o buceos en el canal Beagle, que conecta al océano Atlántico con el océano Pacífico.

La Antártida es el continente más frío, salado, ventoso y aislado. Ocupa el cuarto lugar entre los continentes más extensos, precedida por Asia, América y África, y abarca una superficie de catorce millones de kilómetros cuadrados. Este continente presenta las condiciones más inhóspitas para la vida en nuestro planeta, y en algunas áreas de la Antártida no se han registrado precipitaciones desde hace dos millones de años. La ubicación más gélida del mundo es la base Plateau, donde la temperatura promedio alcanza los −89 °C. El lugar más ventoso en promedio del planeta es la bahía

Commonwealth, donde se han experimentado rá-fagas de hasta 320 km/h. El lago Don Juan, situado en los áridos valles del noroeste antártico, ostenta el título de ser el lago más salino del planeta. La concentración de sal en sus aguas es tan alta (aproximadamente el 40 por ciento) que, a pesar de la temperatura ambiente de en torno a −50 °C, el agua no llega a congelarse.

Tras despedir a Irati, que partía hacia el Amazonas ecuatoriano para liderar una expedición de Ojo de Nóma-da, Gador, Rafa y yo bajamos al puerto de la ciudad para conocer a Pedro de Alegría Marineros y al velero que nos llevaría hasta el fin del mundo.

No sé si sería capaz de describir con palabras mis sentimientos aquel día. Por fin había llegado el momento de emprender la gran travesía hacia la Antártida. Pero el camino no iba a ser fácil.

Para llegar a nuestro destino debíamos cruzar el pasaje marítimo más peligroso del mundo, conocido como mar de Hoces o paso de Drake. Las tormentas no cesan en ese estrecho de ochocientos kilómetros, y fuertes temporales llegan desde el Pacífico y cruzan hacia el Atlántico cada poco tiempo. Las aguas son frías y profundas, hasta cinco mil metros. Durante estas tormentas se desencadenan vientos impetuosos de más de 200 km/h, y olas de hasta quince metros de altura emergen como mortíferas murallas infranqueables. Cientos y cientos de naufragios descansan en esos fondos marinos, la de vidas que esas aguas han visto terminar…

Una de esas tempestades (además de una avería en la embarcación) nos obligó a quedarnos en puerto dos días más. Tras esas dos noches, que pasamos ya en el propio velero, comenzamos a navegar a través del canal Beagle. Disfrutamos de la tranquilidad de una zona protegida de las mareas, maravillados por la fauna salvaje: focas, pingüinos y cantidad de aves.

El capitán nos informaba a cada rato de las novedades. No eran buenas. Los fuertes vientos y las terribles olas no menguaban. Optamos por protegernos en la zona norte de la isla de los Estados, en la bahía de San Juan de Salvamento. Se trata de una isla selvática y de formaciones rocosas naturales digna de haber albergado el rodaje de la película *Jurassic Park*. Allí pudimos visitar el icónico faro del Fin del Mundo, que inspiró el libro homónimo de Julio Verne.

El faro del Fin del Mundo se ubica en el archipiélago de Tierra del Fuego (Argentina). También conocido como faro de San Juan de Salvamento, fue construido en 1884 en la isla de los Estados, y si bien no es idéntico al faro descrito en la novela de Julio Verne titulada, precisamente, *El faro del fin del mundo* (1905), sirvió de inspiración para la historia.

Incluso estando protegidos por las montañas de la isla, esos días no fueron tranquilos en absoluto. Descubrí así lo que eran los vientos catabáticos de hasta 170 km/h y los sufrí cada vez que azotaban el velero anclado cerca de la costa. Pero eso no era nada en comparación con lo que estaba por llegar.

Por fin, cuatro o cinco días más tarde de la fecha planificada, pudimos emprender nuestro viaje a través del paso de Drake. Se había abierto una de esas ventanas climatológicas entre una tormenta y otra, pero llegar hasta el destino se podía alargar hasta más de cuatro días.

Cuatro días de locura. El humano al límite, física y psicológicamente. Navegar, navegar y navegar. Cuatro días sin ver tierra firme, rodeados por fuertes vendavales y olas de cinco o seis metros. Dormir era tarea imposible, pues el zarandeo te empujaba fuera de la litera y te hacía chocar con las paredes del camarote como si fueras una pelota de *pinball*. Y comer…, más de lo mismo. Con una mano te aferrabas a la mesa y con la otra sujetabas el plato para que no saliera volando. Todo lo que no estuviese anclado o fijado al barco, ya fuera comida, herramientas, vajilla, maletas o personas, saltaba por los aires y estallaba contra alguna pared.

En los duros momentos de insomnio, hubo un libro que me acompañó, una lectura que recomiendo a todos aquellos que se vean interesados por el ocultismo y la mente humana: el *Kybalión*. Nadie sabe quién escribió este texto, pero se sospecha que fueron miembros de la Sociedad Teosófica en 1908.

Con todo, el viaje se me hizo interminable. Por suerte, yo no me mareo ni mi cuerpo me pide vomitar, pero vi a algunos compañeros rezar cada mañana para llegar a tierra. El tiempo pasaba lento y la idea de poder llegar al fin al Continente Blanco era lo que nos mantenía animados.

El clima era cada vez peor. El último día, el viento gélido se clavaba como cuchillos en la piel y había comenzado a nevar. Estábamos cerca.

Y de repente, enormes icebergs aparecieron ante nosotros. Todos corrimos hacia cubierta… HABÍAMOS LLEGADO.

¿Cómo describir ese maravilloso lugar? Bloques de hielo de hasta treinta o cuarenta metros de altura flotaban sobre el agua (imaginad el verdadero tamaño de estos titanes de hielo bajo el nivel del mar, habida cuenta de que solo asomaba a la superficie una pequeña parte). También se avistaban ballenas por todas partes. Estos animales acuden a la región antártica, rica en nutrientes, para alimentarse. Sus colas aparecían a cada momento antes de sumergirse, y sus soplidos nos sorprendían cuando volvían a superficie para respirar. Se contaban por decenas. Familias de focas parecía que nos saludaban desde los pedazos de hielo más pequeños. El atardecer se acercaba y cálidos rayos de sol se colaban en cada rincón del paisaje… Aquel momento fue mágico.

A la mañana siguiente, pisé la Antártida por primera vez y me sentí como uno de esos grandes exploradores de los que antes hablaba. Comenzamos durante toda una semana a recorrer las costas, desde Charlotte Bay hasta Vernadski, investigando sobre la fauna local y sus migraciones, así como la preservación del territorio; también recorrimos diferentes bases científicas e incluso pudimos bucear con traje seco en varios puntos.

Existen dos lugares en el mundo que no pertenecen a ningún estado y son considerados legalmente como *Terra nullius* o «tierra de nadie». Uno de ellos es la Tierra de Marie Byrd, ubicada en el oeste de la Antártida. Este lugar es tan remoto que ningún gobierno se ha interesado en reclamar su soberanía, a pesar de abarcar aproximadamente 1.610.000 km², lo que lo hace más grande que Irán o Mongolia. La zona está completamente deshabitada, con la excepción de una base permanente perteneciente a Estados Unidos, que sirvió de inspiración para la base de investigación en la película de terror *La cosa*, de John Carpenter. El otro territorio considerado *Terra nullius* se encuentra en África, y es conocido como el Triángulo de Bir Tawil (que significa «pozo de agua» en árabe), situado entre Egipto y Sudán.

Nos sumergimos en esas gélidas aguas en busca de uno de los depredadores más voraces del mundo, la gigantesca foca leopardo. Casi cuatro metros de largo y hasta cuatrocientos kilogramos de peso. Este animal, que caza pingüinos e incluso otras especies de focas, se mueve rápidamente bajo el agua aun con su gran envergadura. Tiene fama de ser una bestia violenta y de hecho ha matado a personas, pero conseguimos tener un fascinante encuentro en el que pudimos disfrutar maravillados del ejemplar y que fue documentado por Rafa y Gador.

Sin duda, volveré pronto a aquellas latitudes, pero recordaré esta primera expedición con cariño toda mi vida.

Durante la grabación de esta serie documental conocí a un reputado antropólogo en Ushuaia y pude descubrir mucho más sobre los antiguos pobladores de la región. Grupos étnicos que hoy en día están prácticamente extinguidos. Así fue como pude volver al pasado por unas horas a través de la mirada de…

Ernesto Piana

Los primeros seres humanos en Tierra del Fuego llegaron aquí muy tardíamente. En ese momento, los hielos habían hecho que bajara el nivel del mar. Lo que ahora es Tierra del Fuego estaba unido a lo que hoy conocemos como Patagonia, así que llegaron caminando hace unos doce mil quinientos años. Cazaron la fauna que después se extinguió.

Hace unos nueve mil cien años, el mar volvió a subir y se abrió el estrecho de Magallanes. Tierra del Fuego se desconectó del resto de la superficie terrestre. Algunos individuos se quedaron en esa isla y sobrevivieron durante los siguientes dos mil años, totalmente aislados, sin ningún nuevo aporte genético. No se sabe cuántos había ni cuándo se extinguieron.

— 233

Entonces, llegó una segunda oleada de pobladores. Gente que vivía en canoas, gente que vivía del mar, por el mar y en el mar. Estos recién llegados se instalaron desde la costa norte hasta el cabo de Hornos. Es decir, se convirtieron en los habitantes más australes del mundo. Sin embargo, es improbable que supieran de la existencia de la Antártida, a pesar de que geográficamente les quedaba cerca. Porque viajar hasta allí en canoa debía de ser una travesía imposible, tanto por las condiciones climatológicas como por la cantidad de agua potable que deberían haber llevado consigo.

Los pueblos indígenas de Tierra del Fuego, como los yámanas, los onas y los selknams, vivían en un clima frío y húmedo, por lo que la ropa de tela no era suficiente. En su lugar, utilizaban pieles de animales para protegerse de las condiciones climáticas. Además, la falta de recursos en la región hacía que fuese más eficiente para ellos cazar animales para obtener su alimento y pieles, en lugar de cultivar plantas y tejer prendas.

El cuerpo humano es capaz de regular su temperatura a través de la sudoración y la termorregulación. Cuando hace frío, la sangre se acumula en los órganos internos para mantenerlos calientes, mientras que la piel se enfría para ayudar a regular la temperatura corporal. La ropa puede interferir en este proceso natural, especialmente en un clima

húmedo como el de Tierra del Fuego, pues la humedad puede quedarse atrapada en la ropa y hacer que el cuerpo se enfríe más rápidamente. Por otro lado, las pieles de animales eran un material más adecuado para protegerse del clima frío y húmedo de esas zonas australes. Este tipo de prendas son transpirables y permiten que la piel respire, lo que ayuda a mantener la temperatura corporal regulada. Además, las pieles eran más duraderas y resistentes que la ropa tejida, lo que las hacía más adecuadas para sobrevivir en un entorno difícil.

Además, los habitantes de estas tierras vivían siempre cerca de algún fuego, para conservar el calor. Incluso encendían una lumbre dentro de sus propias canoas. Porque el fuego reemplazaba a la vestimenta, recibían directamente calor de él. Así, el fuego era un recurso esencial para sobrevivir en el clima frío y húmedo de la región. Aparte de proporcionar calor, el fuego también les permitía cocinar alimentos y mantenerse a salvo de los animales peligrosos.

Asimismo, el fuego tenía un importante papel cultural en estos pueblos indígenas. Se utilizaba en ceremonias y rituales, y se consideraba sagrado. Los habitantes de Tierra del Fuego eran expertos en encender fuegos utilizando diferentes técnicas, como la fricción o la chispa, y mantenían vivas las llamas mediante la adición constante de combustible.

Además de la energía que recibían de las llamas, obtenían un gran aporte calórico a través del consumo de grasas. Sobre todo, mamíferos marinos. Esto los obligaba a cazar a menudo en sus canoas, armados con arpones de tres metros.

Estas son algunas de las tribus más conocidas de Tierra del Fuego:

– Yámanas: este pueblo indígena vivía en las costas y era conocido por sus habilidades marítimas. Los yámanas, expertos en la construcción de canoas, eran unos excelentes pescadores y cazadores.

– Onas: eran nómadas que vivían en las zonas interiores de Tierra del Fuego. Eran expertos en la caza y la pesca, y se desplazaban con frecuencia en busca de alimento y recursos.

– Selknams: estos cazadores-recolectores vivían en las estepas de Tierra del Fuego. Eran buenos en la caza de animales como el guanaco y el ciervo, y también recolectaban frutos y verduras.

– Alacalufes: este pueblo indígena vivía en la costa y se dedicaba a la pesca y la caza de ballenas. Eran conocidos por sus habilidades náuticas, especialmente en aguas peligrosas.

– Kawésqares: estos nómadas habitaban las áreas interiores de Tierra del Fuego. Igual que los selknams, eran expertos en la caza de animales como el guanaco y el ciervo, y también recolectaban frutos y verduras.

En realidad, estas tribus formaban dos grandes grupos: uno adaptado a la vida litoral marítima y otro adaptado para vivir en el interior de la isla.

Los primeros no tenían necesidad de cazar animales en el interior del territorio, pues siempre había animales marinos que llegaban hasta las costas. Se organizaban en unidades sociales pequeñas (una familia, una canoa, diez personas) y se desplazaban continuamente, sin apenas contacto entre sí. Pero esta situación cambiaba cuando una ballena quedaba varada en la costa. Entonces muchos se reunían eventualmente en un mismo sitio, alrededor de esa gran cantidad de alimento que proporcionaba el animal, porque su caza requería un gran esfuerzo colectivo.

La ballena también tenía un papel destacado en la cultura de estos pueblos. Era un símbolo de fuerza y abundancia, y su caza constituía un momento de celebración para la tribu. La ballena también se utilizaba en ceremonias y rituales, y su carne y su grasa eran importantes para la alimentación y la economía de la comunidad.

Todos estos pueblos tenían su propia cultura, tradiciones y lenguaje, y vivían en armonía con el medioambiente. Sin embargo, con la llegada de los europeos en el siglo XIX, sus vidas cambiaron drásticamente y muchos de ellos murieron debido a las enfermedades importadas por los colonos y a causa de la explotación de sus tierras, entre otros factores.

Entre las enfermedades que los europeos llevaron consigo a Tierra del Fuego, desconocidas para los pueblos indígenas, destacan la viruela, la neumonía y la fiebre amarilla. Numerosas personas murieron de estas enfermedades y la población disminuyó notablemente.

Los europeos también explotaron los recursos naturales de la región, tanto en la tierra como en el mar. Esto significó que los pueblos de la zona perdieron su fuente de alimento y recursos, algo que constituyó otra causa más para su extinción.

Asimismo, hubo conflictos entre los indígenas y los colonos, y los primeros a menudo eran víctimas de la violencia y la represión. Estos enfrentamientos contribuyeron a diezmar la población.

Finalmente, este encuentro llevó a que los pueblos indígenas de Tierra del Fuego comenzaran a interactuar con una cultura y una forma de vida completamente nuevas. Muchos de ellos adoptaron prácticas europeas y perdieron sus tradiciones, lo que condujo a la desaparición de su cultura.

A partir del siglo XVII, los europeos comenzaron a cazar ballenas en Tierra del Fuego con el objetivo de obtener aceite para la iluminación y para lubricar sus máquinas. La caza de ese cetáceo se intensificó a medida que aumentaba la demanda de aceite de ballena en Europa y Norteamérica. Esta explotación tuvo un impacto negativo en la población de ballenas de la Tierra del Fuego, y muchas especies, como la ballena jorobada y la ballena franca, pasa-

ron a estar en peligro de extinción. Esto significó que los indígenas que dependían de la caza de ballenas perdieron una fuente importante de alimento y recursos, lo que contribuyó a su desaparición.

En resumen, el ocaso de los nativos de Tierra del Fuego fue el resultado de una combinación de factores. Hoy en día, algunos de sus descendientes todavía viven allí y trabajan para preservar sus tradiciones y cultura. Quedan muy pocos. Esta es una triste historia que recuerda la importancia de proteger y preservar las culturas y las formas de vida de los pueblos indígenas en todo el mundo.

17

Prostitución de menores y sacrificios humanos en la Ciudad sin Ley

La Rinconada (Perú)

Lo hemos visto en innumerables ocasiones a lo largo de la historia: el hallazgo de bienes preciados como combustibles fósiles o recursos minerales puede ser una condena para el territorio donde se encuentren, ya sea para la ciudad o incluso para todo el país.

Esta es la historia de una pequeña y apacible ciudad de las montañas de Puno, provincia peruana en la frontera con Bolivia, que vio cómo su futuro se anegaba en el momento en que se descubrió que vivían sobre una reserva natural de oro.

Hace algún tiempo escuché hablar horrores sobre un lugar que se hacía llamar la ciudad más alta del mundo o la mina más alta del mundo: La Rinconada, un lugar sin ley donde los delitos gozaban de total impunidad y las barbaridades más terribles estaban a la orden del día. Desde ese momento, el nombre y la historia de este asentamiento quedaron grabados en mi imaginación…

La capital de la provincia, situada junto al lago Titicaca, también se llama Puno. Me despierto y me dirijo hacia el mercado de la ciudad con mi buen amigo y cámara en Latinoamérica, David Jácome. Allí nos reunimos con Kapléx, youtuber boliviano con quien viviríamos toda la aventura. Un buen desayuno tradicional, lomo salteado y trucha del lago, y nos dirigimos hacia el lugar desde donde salen las furgonetas hacia la ciudad de la fiebre del oro de Perú.

La Rinconada es considerada como la ciudad más alta del mundo (también una de las más peligrosas), pues está situada a más de cinco mil metros sobre el nivel del mar. Además, se trata de un asentamiento ilegal, que cuenta con entre treinta mil y cincuenta mil habitantes (la mayoría viven allí solo de forma temporal o transitoria); si bien es cierto que actualmente existen servicios y negocios de todo tipo, desde restaurantes y supermercados hasta farmacias, compañías telefónicas o bancos, la gran mayoría de los habitantes son mineros. Hablamos de un lugar distópico de casas de cemento y chabolas de chapa entre caminos de barro en el que todo el mundo viste con traje o mono de minero, y allí nos dirigíamos.

Tras varias horas ascendiendo en una furgoneta llena de mineros, comenzamos a atravesar un vertedero inmenso: estábamos llegando a nuestro destino. Nos recibió el buen Juvenal, quien trabaja desde hace años en las minas de oro. Después de un primer paseo por el lugar, se presentó ante nosotros el primer reto: las bajas temperaturas mezcladas con la falta de oxígeno. El ambiente era tenso, pero sobre todo muy peculiar. Mis ojos no daban crédito.

Donde un día hubo una pequeña aldea de unos cientos de personas que disfrutaban del entorno natural entre montañas y glaciares, hoy existe una ciudad densa y caótica que destroza la montaña para extraer el oro y funde el glaciar para poder dar de beber a la población. Antes conseguían el agua de los ríos y lagos, pero ahora están todos contaminados por el mercurio de las minas. El desastre natural es irreparable.

Irónicamente, a pesar de su riqueza en oro, La Rinconada es una de las áreas más pobres de Perú. La ciudad tiene una infraestructura deficiente, con falta de servicios básicos como escuelas, hospitales y limpieza. Estas deficiencias son las mismas a las que se enfrentan muchas áreas mineras ricas en recursos en todo el mundo.

¿Por qué alguien querría vivir en un sitio así? La respuesta es simple: el dinero. Cada año miles de personas se ven atraídas por el sueño de poder hacerse ricos. Pero, paradójicamente, aunque aquí se encuentra un bien tan valioso y preciado como el oro, el lugar está infestado de pobreza, violencia y delincuencia, prostitución, alcoholismo e incluso asesinatos. La tasa de mortalidad es muy elevada y los accidentes laborales no son el único motivo.

Estos crímenes nunca son investigados: si alguien desaparece, nadie dice ni hace nada. No hay censo, el Gobierno no tiene control y la poca policía que hay no puede hacer nada.

Comenzamos a caminar por las calles de la ciudad de la mano de Juvenal, quien me fue explicando cómo funcionaba todo. Se escuchó un disparo al aire y rápidamente me avisó de que debíamos dirigirnos hacia su campamento. Allí las noches son oscuras y peligrosas, pero hay otro peligro al acecho. Juvenal me explicó que hay bandas de ladrones, llamados primos, que roban oro y extorsionan a los mineros. Estos, por su parte, tratan de defenderse mediante seguridad privada. Ambos bandos están armados hasta los dientes y, por supuesto, son de gatillo fácil.

El protocolo era sencillo. Un disparo al aire es un aviso. Un segundo disparo significa que debes darte la vuelta. El tercer disparo ya es al cuerpo. Ese primer tiro al aire era por nosotros, los guachimanes nos estaban avisando.

Guachimán es una palabra que se usa en algunos países de Latinoamérica, especialmente en Perú, para referirse a un guardia de seguridad o vigilante. El término viene del inglés *watchman*, que significa «guardia» o «vigilante». El uso de guachimanes es común en áreas urbanas donde la seguridad es una preocupación, y a menudo se emplea simplemente como una forma de disuasión. Sin embargo, el nivel de formación y la eficacia de los guachimanes pueden variar, y sus condiciones de trabajo y remuneración a veces son objeto de reivindicaciones.

Aligeramos el paso y continuamos hasta su campamento, donde cenamos en un restaurante de mineros. Arroz con pollo y aguacate. Allí conversé con el minero. La situación laboral en las minas era sorprendente. Por supuesto, no hay salario fijo y el empleo tradicionalmente se rige por un abusivo e injusto sistema conocido como cachorreo: el minero trabajaba entre veinticuatro y veintiséis días gratis al mes; solo los días restantes son en beneficio propio. Juvenal me dijo que la situación había mejorado, pero la seguridad seguía siendo inexistente: esa misma semana habían muerto siete compañeros en un derrumbe y habían encontrado el cadáver de otro minero tiroteado.

Algunos trabajadores compran terrenos con el dinero del oro e invierten en el futuro de la familia, pero la mayoría viven al día, gastando el dinero de forma descontrolada en todo tipo de vicios.

Descansamos unos minutos y hablé con Juvenal. Quería conocer la noche de La Rinconada. Lo meditó por unos instantes y finalmente me dio el visto bueno: viviríamos una realidad cruda y tenebrosa.

Hablamos con unos policías y avisamos de que queríamos subir a un altar en la montaña. Ellos nos recomendaron que no fuéramos. Insistieron. Esa zona es muy peligrosa y más en la oscuridad de la noche. Finalmente, accedieron y nos cubrieron las espaldas. Comenzamos el ascenso hacia Los Abuelos, una especie de altares con tétricos esqueletos vestidos de minero que relacionan con entidades demoniacas y a los que veneran y entregan ofrendas.

Llegamos sin problemas, y allí me vi ante un lugar impactante e imponente, con ofrendas como cigarros, frutas y ropa interior de mujeres, e incluso de niñas. Pero en Los Abuelos hay algo más: también se realizan sacrificios humanos. Esa es la máxima ofrenda con la que algunos mineros piden hallar más oro.

Mientras descendíamos la montaña escuchamos un disparo: eran los guachimanes. Nos avisaban de nuevo.

Una piedra cayó del cielo, pero no alcanzamos a ver a nadie. Ese momento de tensión pasó cuando llegamos otra vez a la zona de viviendas, pero el escenario que encontramos fue dantesco.

Borrachos en cada calle y muchísima prostitución.

Se calcula que hay alrededor de dos mil quinientas mujeres peruanas y bolivianas dedicadas a la prostitución, y casi la mitad podrían ser menores. Suelen ser jóvenes de zonas rurales convencidas por tratantes de personas (normalmente mujeres) que se ganan su confianza y después las engañan.

Quisimos entrar en las cantinas y los burdeles, pero todos nos cerraron la puerta. Aunque íbamos sin cámaras a la vista, resultaba obvio que yo no era de allí y que tampoco era minero, por lo que dedujeron que debía de ser policía o algo parecido. ¿Esto me hacía estar en riesgo? Seguimos intentándolo.

Finalmente, pudimos entrar en uno de los locales, que estaba muy sucio y olía fuertemente a vómito. Dentro hallamos a varios mineros bebiendo y conversando con algunas prostitutas muy jóvenes.

Pedimos algo para beber y nos sentamos. Los mineros nunca se quitan el mono de trabajo, ni siquiera para ir al supermercado o salir por la noche a restaurantes o burdeles. Una prostituta se sentó con nosotros y comenzamos a hablar. Juvenal me dijo que bailara con ella. Le hice caso y, mientras lo hacía, él me grababa de forma divertida para conseguir imágenes del lugar de forma encubierta. Todo fue muy extraño.

Beber y estar con prostitutas forma parte del día a día de los mineros de La Rinconada, es tradición. Ellos mismos dicen entre risas que, si no lo hacen, no sale oro.

Salimos del local y caminamos hacia la casa de Juvenal. A nuestro paso, se oían gemidos de mujeres, golpes en las paredes y camas crujiendo, procedentes de los diferentes moteles. También es normal presenciar peleas y tiroteos. Llegamos a la vivienda y nos preparamos para dormir.

Durante la siguiente jornada seguimos explorando los diferentes campamentos, las tiendas de compra de oro y el glaciar. Conversamos con decenas de personas y nos sumergimos en esa loca realidad.

En cierto momento le pedí a Juvenal que me contara alguna historia que hubiera ocurrido en las minas y, tras unos segundos, comenzó a hablar.

Juvenal y el duende

Cuando empezó la pandemia de la COVID-19, me fui a trabajar a la mina. Estuve allí durante cinco meses. A veces iba bien, y otras, no. A veces había ganancias, y otras, no.

Entonces, una noche tuve un sueño. En él aparecía una chica vestida de blanco. Era una gringa. En mi sueño, estaba enamorada de mí y acabamos haciendo el amor. Al día siguiente, me levanté para acudir a la mina, como todas las mañanas. No dejaba de pensar en aquel sueño.

Ese día me esperaba un trabajo pesado. Debía cubrir dos turnos. A la hora de comer, como estaba agotado, no salí. Me quedé completamente solo en la mina. Y acabé quedándome dormido.

Poco después experimenté un fuerte golpe en la espalda. ¿Qué había pasado? Me encontraba totalmente solo. ¿Había tenido una pesadilla? En ese momento, tomé mi celular y estuve con él un rato hasta que el sueño me volvió a vencer, pues estaba muy cansado. Al cabo de poco rato, volví a sentir otro golpe fuerte. Esta vez era como una patada en el pie. A mi cabeza acudió el Chinchilico, el duende de la mina.

El Chinchilico, también llamado Muki, es una especie de duende que vive en las minas y las cuevas. A menudo se le describe como un ser con la piel oscura, a veces cubierto de pelo, con ojos brillantes y destellos de luz. En algunas representaciones

> **puede tener ciertas deformidades, como una joroba, piernas cortas o un pie girado hacia atrás.**

Este duende minero es un ser más travieso que malévolo. Según las leyendas, puede ser amigable y ayudar a los trabajadores a encontrar minerales valiosos si se le trata con respeto. Sin embargo, si se le provoca o molesta, puede causar problemas y accidentes en las minas.

Los cuentos y las leyendas sobre el Chinchilico son un reflejo de la rica tradición oral de los Andes, así como de las creencias y los miedos asociados al peligroso trabajo de la minería. Estas historias también pueden ser vistas como una forma de dar sentido a los fenómenos naturales y los accidentes inexplicables que pueden ocurrir en las profundidades de la tierra.

Sin embargo, estaba tan cansado que volví a cabecear de sueño..., hasta que escuché gritos. Como si alguien estuviera a unos cincuenta metros de mí y se dirigiera hacia donde yo estaba dando voces y silbando. Pensé que eran mis compañeros, que ya regresaban al trabajo.

Los llamé. Pero nadie me respondió. Porque allí no había nadie, continuaba solo. De hecho, hasta que no transcurrieron quince o veinte minutos, no llegó nadie.

Mientras mascábamos un poco de hoja de coca, antes de ponernos a trabajar de nuevo, mi mente no dejaba de darle vueltas a lo sucedido. El primero que entró al fondo de la mina fui yo. Cogí la cuña y el martillo y empecé a picar… y encontré una gran pepa de oro. Por un segundo, pensé: ¿esto es oro o bronce? Como no estaba seguro, la envolví en un trapo y la guardé.

Cuando tuve un momento más tranquilo, examiné de nuevo mi hallazgo. Tenía el tamaño de mi palma y era amarillo. Cuando terminé la jornada laboral y salí al exterior, pude comprobar que efectivamente tenía en mi poder una gran cantidad de oro. Tras molerlo, obtuve ciento cuarenta gramos de metal. El equivalente a veintisiete mil soles, unos siete mil dólares.

Ahora sé que el duende estuvo jugando conmigo. Le conté la historia a un minero de casi setenta años y me dijo que quizá el Chinchilico había intentado despertarme para darme una cantidad aún mayor de oro. Sin embargo, como me dormí, no fue así. Pero, bueno, al menos me regaló esa cantidad, con la que pude comprar algunos terrenos en Juliaca, una ciudad en el sureste de Perú, a unos ciento cincuenta kilómetros de La Rinconada. Algún día espero jubilarme allí y abandonar la dura vida de las minas.

18

La expedición imposible

Groenlandia

Groenlandia es la tierra soñada de los exploradores. Es un lugar inhóspito en el que el 85 por ciento de la superficie es hielo. La aventura y los desafíos están a la vuelta de la esquina. Tierra de tribus inuits y antiguos asentamientos vikingos.

Tuve la suerte de explorar la región sur de esta isla, la más grande del mundo, con el gran Ramón Larramendi, el mayor explorador polar de la historia de España y de quien hablaremos más adelante.

Todo comenzó en el aeropuerto de Narsarsuaq, donde aterrizamos llegados directamente de Islandia.

Poco después nos instalamos en la casa de Ramón y nos preparamos para la primera fase de la aventura: tres días de campamentos y travesías en kayak a través de gélidas aguas infestadas de icebergs. El kayak tiene su origen en esta región, donde las poblaciones inuits utilizaron y perfeccionaron este transporte para poder desplazarse y cazar. Ellos no sabían nadar y perseguían con su arpón animales como focas e incluso ballenas, así que el diseño de este vehículo era sumamente importante.

Ramón y yo avanzábamos en kayaks individuales, mientras que el Maño conducía la zódiac de apoyo y Luis manejaba las cámaras y el dron. Contemplábamos ante nosotros una estampa de película. El primer día remamos entre enormes pedazos de hielo. Era peligroso porque estos bloques se mueven, giran e incluso se parten y colapsan y pueden caerte encima o derribarte con las olas que generan, pero avanzar era sencillo.

Al llegar a cierto punto descendimos a tierra y montamos el campamento. Preparamos un fuego y cocinamos unos pedazos de carne de ballena. En Groenlandia se sigue cazando este animal, pero se hace de una forma muy controlada y con cuotas muy bajas. Se permite porque se considera caza aborigen y el objetivo es alimentar a la población local. También se comen animales como la foca y el narval.

La caza de ballenas en Groenlandia está regulada por la Comisión Ballenera Internacional (CBI), que establece qué cantidad de esos cetáceos se pueden capturar cada año. Estas cuotas se basan en investigaciones científicas y están diseñadas para asegurar que la caza sea sostenible y no amenace las poblaciones de ballenas.

Además, esta práctica generalmente se realiza de manera que se minimice el sufrimiento de las ballenas. Esto se consigue gracias a las técnicas y los equipos modernos que emplean los cazadores.

Es importante destacar que la caza de ballenas en Groenlandia dista mucho de la caza comercial practicada en el resto del mundo años atrás, que llevó a muchas especies de ballenas al borde de la extinción. Se trata de una caza de subsistencia, lo que significa que su principal propósito es proporcionar alimento y otros recursos para las comunidades locales, y no generar ganancias a través del comercio de productos de ballena.

Junto a nuestro campamento encontramos un antiguo asentamiento inuit, perteneciente a estas mismas familias que cazaban desde su kayak. Aún se aprecian los suelos de piedra, e incluso pudimos distinguir antiguas tumbas con restos en su interior. Entre los huecos de las sepulturas de piedra se observaban huesos y cráneos humanos.

En el segundo día de travesía, el objetivo era llegar hasta unas lenguas glaciares, pero el hielo lo hacía cada vez más complicado. Literalmente, parecía que remábamos en un mojito. Hielo picado se mezclaba con otros bloques más grandes, que se compactaban y hacían de esas aguas un paso infranqueable. Al final, quedamos atrapados por el azar de las mareas y las corrientes.

Conseguimos volver hasta el campamento, donde descansamos esa noche antes de emprender el camino de vuelta hacia la casa. Tremenda aventura.

Durante los siguientes días, emprenderíamos una increíble búsqueda a través de diferentes lugares, como las ciudades de Narsaq y Qaqortoq. Llamar así a estas poblaciones resulta un poco llamativo, pues estas apenas superan los mil habitantes, pero así las llaman ellos. El objetivo era encontrar a un cazador local para poder acompañarlo en la búsqueda de focas y marsopas.

No fue tarea fácil, ya que esos cazadores viven sin horario y es difícil hacer planes con ellos, pero, tras varios días intentándolo, conseguimos salir a cazar con un hombre llamado Âjo, que trabajaba con Ramón como capitán de barco. Él portaba tres rifles diferentes y, gracias a su experiencia, logramos hallar una majestuosa ballena jorobada, una marsopa y decenas de focas. Con todo, finalmente no pudo cazar nada. Tal vez fue culpa mía, pues era yo quien dirigía la lancha motorizada.

Regresamos a casa sin comida, así que tocó pasar por el supermercado. Terminamos en la vivienda del cazador comiendo foca seca, grasa de foca, narval y bacalao. Bebimos vino y cerveza local mientras cantábamos canciones nacionales típicas. Âjo, Luis y yo. Fue una bonita noche.

Al día siguiente, nos reunimos con Ramón y emprendimos la travesía hacia la siguiente región. En Groenlandia no hay ningún pueblo unido a otro a través de carreteras. Los desplazamientos deben ser, obligatoriamente, en barco, avioneta, moto de nieve o trineo de perros. Nosotros nos movíamos en una zódiac y, aun siendo verano, los trayectos eran muy fríos.

De este modo llegamos al imponente glaciar de Qaleraliq, desde donde comenzamos una larga etapa de varios kilómetros a través del hielo, sorteando las enormes y profundas grietas que parecían conducir al vacío absoluto. Incluso pudimos montar campamento y dormir sobre el hielo.

De hecho, conseguimos llegar hasta el campamento o base de operaciones desde donde comienzan la mayoría de las expediciones extremas de Ramón en territorio groenlandés. Muy cerca del altiplano de hielo, encontramos diferentes motos de nieve, trineos y reservas de comida de expedición y diferentes herramientas. Sentí un fuerte cosquilleo en el estómago al contemplar todo aquello.

Uno se queda atónito cuando observa las marcas de retroceso de estos glaciares, que evidencian la pérdida de kilómetros de hielo. Todos los años la masa helada se reduce en miles de millones de toneladas, sobre todo durante la época estival. El deshielo es más acusado en el Ártico que en la Antártida. Esto se debe a corrientes marinas de agua caliente, que son resultado del calentamiento global. Los océanos absorben gran parte del calor adicional causado por el calentamiento del planeta, lo que a su vez hace descender las temperaturas de las corrientes marinas. Estas corrientes calientes fluyen luego hacia el Ártico, donde contribuyen a la fusión de las capas de hielo y los glaciares, especialmente desde debajo de estas formaciones de hielo.

Las grandes potencias mundiales ansían las zonas polares por los preciados recursos que se esconden bajo el hielo. Groenlandia, por ejemplo, es rica en petróleo, gas natural, oro, uranio, piedras preciosas... Actualmente la extracción de estos recursos es costosa y poco rentable, pero el hecho de que la capa de hielo se esté reduciendo acerca cada vez más el momento crítico de las prospecciones y extracciones en masa, que podrían acabar por destruir un lugar tan extraordinario.

Los últimos días fueron realmente especiales. Luis y yo estuvimos en las increíbles montañas de Tasermiut alimentándonos de lo que nos proveía ese lugar. Buscamos plantas y bayas silvestres, recogimos mejillones y también pescamos, disfrutando de ese espacio digno de ser el hogar de los dioses. Estas majestuosas montañas me dejaron boquiabierto y quedaron grabadas en mi recuerdo. Contábamos con un teléfono satelital y una pistola de bengalas para espantar a posibles osos polares demasiado curiosos.

Una anécdota llamativa fue que, dos días más tarde, un oso que probablemente había cruzado la capa de hielo apareció justo en la zona de nuestro campamento. Así es la vida, cuando no te toca, no te toca.

Durante más de dos semanas vivimos de todo y disfrutamos como niños pequeños en un parque temático. Sin embargo, uno de los puntos que más enriqueció la vivencia fue el mero hecho de compartirla con uno de los más grandes exploradores y aventureros que jamás he conocido. Ramón Larramendi, fundador de la empresa Tierras Polares, hizo de este tiempo algo excepcional. Una inspiración absoluta.

Su listado de locas expediciones que parecían imposibles hasta que él las completó es interminable. A finales de los años ochenta, cuando apenas tenía veinticuatro años, emprendió una larga e intensa aventura de tres años en la que llegó desde la punta más al sur de Groenlandia hasta el punto más al oeste de Alaska. Más de catorce mil kilómetros de peligros, desafíos y contratiempos que atravesó en trineo de perro y kayak.

En total, Ramón lleva cerca de cuarenta mil kilómetros recorridos en zonas polares, y es que también ha cruzado la Antártida tres veces. Además, las expediciones actuales se realizan en un trineo de viento que él mismo inventó.

Sin duda alguna, se ha enfrentado a situaciones que el resto de los mortales no podemos ni imaginar. Hoy por hoy, sus dotes y conocimientos en orientación y supervivencia son muy avanzados y, a sus cincuenta y ocho años, aún quiere más.

Por supuesto, nosotros aprovechamos este tiempo para hacerle mil preguntas y disfrutar de sus historias. Miles de dudas y curiosidades se amontonaban en nuestras cabezas.

Una de las aventuras más épicas que nos relató fue, precisamente, el cruce de Groenlandia de sur a norte a través de un enorme glaciar. Tras esta hazaña, Ramón se convirtió en la primera persona en abrir dicha ruta.

Ramón Larramendi

Después de estudiar los vientos que se producían en este lugar, pensé que la ruta sur-norte era la más favorable para recorrer Groenlandia en una gran travesía. Con todo, es algo que nunca antes se había hecho, así que el viaje presentaba muchas incógnitas e incertidumbres. Ni siquiera se conoce a una sola persona que lo hubiera intentado.

La travesía empezaría en Narsarsuaq, una localidad con apenas ciento sesenta habitantes, y terminaría en Thule, un enclave no incorporado dentro del municipio de Qaanaaq. Narsarsuaq es la única población de Groenlandia que tiene un clima temperado con árboles. Su nombre en groenlandés significa «Gran Planicie». Por su parte, Thule es el lugar donde ha sido medida la mayor velocidad del viento sobre la superficie del nivel del mar en el mundo. El 8 de marzo de 1972, se registró una velocidad máxima de 333 km/h. Más rápido que el AVE.

Para el viaje, traté de unir el concepto de un trineo como el que usan los inuits, un trineo grande, y el poder del viento, como el que permite que una cometa arrastre a un surfero. Tras los primeros ensayos, me di cuenta de que funcionaba. Ya conocía tanto el origen como el destino del viaje, pero me quedaba por investigar todo lo que había entre ambos puntos. Unos dos mil doscientos kilómetros de incertidumbre.

Narsarsuaq y Qaanaaq son dos localidades situadas en Groenlandia, la isla más grande del mundo. Narsarsuaq se encuentra en la parte meridional de Groenlandia, mientras que Qaanaaq se halla en la parte norte. La distancia en línea recta o «en línea aérea» entre Narsarsuaq y Qaanaaq es difícil de calcular debido a la falta de carreteras y la compleja geografía de la isla, que incluye vastos campos de hielo y montañas. Sin embargo, la distancia aproximada es de alrededor de dos mil doscientos kilómetros.

Los viajes entre estas dos localidades normalmente requieren múltiples vuelos, con escalas en otros lugares de Groenlandia.

Tras arrastrar nuestro vehículo sobre el hielo, entramos en el glaciar y mi compañero de viaje y yo iniciamos la travesía. Sin embargo, no había viento. Pasaron uno, dos, tres días… Las provisiones fueron disminuyendo… y no podíamos salir. Tras doce días siendo incapaces de avanzar, estábamos desesperados. Incluso valoramos la idea de emprender el camino a pie, arrastrando nosotros el trineo, pero pesaba mucho, de modo que apenas podríamos avanzar un kilómetro y medio a la hora.

Entonces, llegó el milagro. Empezó a soplar el viento en la dirección adecuada.

Por fin, comenzamos a navegar. Íbamos a quince kilómetros por hora y llegamos a alcanzar los veinticinco kilómetros por hora.

Como el viento era tan favorable y teníamos miedo de que parara, no nos detuvimos. Recorrimos más de doscientos kilómetros ininterrumpidamente, y nos íbamos alternando: mientras uno pilotaba, el otro descansaba.

Se hizo de noche, pero seguimos. Se nos acabó el agua, pero seguimos. Nos topamos con una tormenta, pero seguimos. Hasta la extenuación.

Cuando ya llevábamos cubiertos cuatrocientos veintiún kilómetros, y después de batir el récord del mundo en distancia recorrida en un solo día, decidimos parar y descansar.

Un trineo de viento, también conocido como vela sobre hielo o trineo de vela, es un vehículo propulsado por el viento que se desliza sobre superficies de hielo o nieve. Funciona de manera similar a un barco de vela, utilizando la fuerza del viento para moverse. El trineo está equipado con una o más velas que capturan el viento, y este empuje es lo que impulsa el trineo hacia delante. Su funcionamiento básico es el siguiente:

1. El viento golpea la vela y la empuja, lo que a su vez empuja el trineo. Al igual que en un barco, la vela puede ajustarse para capturar el viento desde diferentes ángulos, lo que permite al vehículo moverse en diferentes direcciones y no solo en la que sopla el viento.

2. El trineo de viento se desliza sobre patines o esquíes, que reducen la fricción con la nieve o el hielo y le permiten moverse con más facilidad.
3. El vehículo se dirige ajustando el ángulo de la vela con respecto al viento y, en algunos diseños, moviendo los patines o esquíes delanteros para cambiar la dirección.

En total, tardamos menos de quince días en completar toda la travesía. De finales de abril a principios de mayo de 2001. No fue nada fácil, porque, después de esas primeras jornadas favorables, tuvimos que navegar atravesando grandes tormentas.

Por si fuera poco, disponíamos de un mapa de la zona, pero salió volando. Por fortuna, existía el GPS y el teléfono satélite. Con él, pudimos llamar a alguien que nos ayudara más o menos a reconstruir cómo era el mapa. Intentamos dibujarlo precariamente en función de las descripciones que nos dieron.

19

La travesía marítima más peligrosa del mundo

Mar Mediterráneo

Durante mis viajes me he encontrado muchas situaciones complicadas y he conocido a personas que lo habían perdido todo en la vida. Y también he conocido a otras que, de hecho, nunca han tenido nada. Momentos duros en los que uno se ve desbordado por sensaciones como la impotencia, la angustia y la injusticia. Pero nunca he vivido nada parecido a la desesperación de las personas que viajan en las pateras del Mediterráneo.

Millones de personas de todo el mundo se desplazan todos los años en busca de una vida mejor. Algunos en solitario y otros en familia huyen de guerras, hambrunas, dictaduras, terrorismo, sequías, persecuciones de minorías étnicas o religiosas… Para ello asumen increíbles riesgos y muchos terminan perdiendo la vida en el intento.

El mar Mediterráneo, una de las entradas a Europa, es conocido por ser el escenario de la ruta migratoria más letal y mortífera del mundo. Todos los días muere gente.

La Organización Internacional para las Migraciones (OIM) cataloga esta ruta como la travesía marítima más peligrosa del mundo, con casi treinta mil muertos desde 2014.

Aterroriza pensar que en esta cifra solo se suman los cuerpos encontrados. Todos aquellos que murieron y fueron tragados por estas aguas no entran en el recuento. Si no hay cuerpo, no hay muerto. Esto deja claro que la cifra es, en realidad, muchísimo mayor.

Justo en los años 2015 y 2016, el flujo de migrantes se agudizó tanto, debido a la guerra de Siria, que se convirtió en la mayor crisis migratoria y humanitaria en Europa después de la Segunda Guerra Mundial.

Desde entonces, la situación ha variado mucho. Desde la procedencia de los migrantes hasta el punto de partida de sus embarcaciones. Durante los siguientes años, la mayoría salían desde las costas de Libia, pero ahora se han desplazado a Túnez tras la inestabilidad política que vive este país en los últimos años.

Todo esto dio pie a la aparición de barcos de rescate con el fin de rastrear estas zonas y proteger la vida de los más vulnerables de estas situaciones de emergencia. Open Arms, una de las organizaciones que siguen operando en la actualidad, me propuso subir a bordo de una de sus embarcaciones para documentar estos rescates y poder conocer la realidad que viven en el día a día.

Proactiva Open Arms es una reconocida organización no gubernamental (ONG), con sede en España, que ha dedicado sus esfuerzos a ejecutar operaciones de búsqueda y rescate (SAR) en el mar, y ha desempeñado un papel esencial en la respuesta humanitaria a la crisis migratoria en Europa. Proactiva Open Arms estableció una base operacional en la isla de Lesbos, ubicada en el mar Egeo, una zona que ha sido un punto crucial durante la crisis debido a su proximidad con Turquía, uno de los principales puntos de partida para estos migrantes que buscan llegar a Europa.

La misión principal de esta ONG es salvar vidas en el mar, particularmente a los migrantes que emprenden peligrosos viajes en un intento por alcanzar un futuro más seguro en las costas europeas. Para lograr esto, Open Arms cuenta con una embarcación en el Mediterráneo central, equipada para llevar a cabo misiones de rescate en condiciones a menudo adversas. Su personal está altamente entrenado para responder a emergencias marítimas y proporcionar primeros auxilios y otros servicios esenciales a los rescatados.

Además de sus operaciones de rescate, Open Arms se involucra en actividades de concientización para destacar la grave crisis migratoria que afecta a Europa y las circunstancias desesperadas que enfrentan los migrantes. Mediante su trabajo, buscan no solo proporcionar asistencia inmediata, sino también fomentar un cambio a largo plazo en la forma en que Europa responde a la crisis migratoria, promoviendo una política de puertas abiertas y seguras que priorice la dignidad y la seguridad humanas por encima de todo.

Y así es como terminé en el velero Astral de Open Arms. Nos encontramos en el puerto siciliano de Siracusa y allí conocí a toda la tripulación. El capitán, SARCO, dos marineros, el patrón, dos socorristas, una enfermera y un cocinero. A ellos se les sumaba Félix, de la organización, y el buen Jordi, que me acompañaba para la filmación.

Al día siguiente zarpamos y navegamos hacia el sur para llegar a las zonas SAR: las regiones de búsqueda y salvamento.

Las embarcaciones que emplean los migrantes primero fueron neumáticas y más tarde de madera o fibra; hoy en día son de hierro, con malas soldaduras cubiertas con silicona. Las peores que he visto hasta la fecha. Con pequeños motores sin potencia, escasa gasolina a veces incluso mezclada con agua, y cubiertas sobrecargadas de gente, sin brújula, sin comida ni agua. A menudo incluso las soldaduras ceden y las barcas se hunden en segundos. Llegar es casi imposible, es un suicidio.

Los gobiernos europeos pagan dinero a los países del norte de África para que controlen la inmigración, y estos extorsionan a los primeros para sacar más y más dinero. Después están las mafias de personas que coordinan las salidas de los migrantes. Cada persona que sube a la patera paga entre quinientos y tres mil euros: hablamos de un negocio multimillonario.

En el pasado, las pateras rebosantes de migrantes zarpaban desde puertos y playas de África, pero en la actualidad son muchos de los mismos barcos pesqueros que hacen los avisos de rescate quienes, colaborando con las mafias, cargan las pateras y a las personas a bordo y los transportan hasta alta mar.

Solo hay que investigar sobre los diferentes conflictos y situaciones de emergencia que se viven en África y Asia para deducir la nacionalidad de quienes serán rescatados en alta mar en esos meses. Afganistán o Bangladesh, hace algún tiempo, o todos los países del Sahel en la actualidad: Malí, Níger, Nigeria, Sudán del Sur, Eritrea, Etiopía... También pudimos encontrar pateras de tunecinos.

Para muchas de esas personas, el mar Mediterráneo no es más que el último tramo de un gran viaje lleno de riesgos. Desde huir de zonas de guerra y pobreza hasta tener que cruzar el Sahara caminando. Estos peligros se agravan en el caso de ser mujer.

La realidad es que el ritmo en alta mar a bordo del Astral es frenético. Los avisos de rescate se suceden día y noche, llegan de forma incesante y solo hay que navegar en línea recta para ir encontrando pateras una tras otra. A algunas llamadas se llega; a otras, no.

Las personas rescatadas son llevadas a un puerto seguro que siempre está en Europa. Esto es así gracias a un derecho fundamental conocido como principio de no devolución, por el cual no se puede devolver a una persona al país del que está huyendo por su inseguridad. Y es que la situación de esas personas (migrantes subsaharianos) es crítica en países como Libia o Túnez, donde los maltratan, torturan, encarcelan e incluso abandonan en el desierto.

La desesperación de sus caras no se puede describir, no se puede entender si no la has visto. Lloran, rezan, se alteran. Algunos aparecen mareados o deshidratados, también hay embarazadas o bebés recién nacidos. Yo presenciaba cada rescate absorto y con lágrimas en los ojos.

La conclusión es que el mar Mediterráneo es un cementerio, y esas pateras, el ataúd de miles de personas. Una imagen vale más que mil palabras y, por eso, en este caso más que nunca, os invito a ver el reportaje-documental que grabamos de casi una hora de duración y que podéis encontrar en mi canal de YouTube: *Pateras del Mediterráneo: la ruta de la muerte.*

Esta misma pieza la estrenamos en un abarrotado cine de Barcelona el 7 de septiembre de 2023, la primera vez que hacía algo así. Fue un día emocionante en el que también participé en una mesa redonda con rondas de preguntas del público junto a Òscar Camps, fundador de Open Arms.

Normalmente, el velero Astral no embarca a personas a bordo. Reparten chalecos salvavidas y aseguran el estado de esas embarcaciones. Navegan junto a las pateras para asegurarse de que todo está en orden mientras llegan las autoridades europeas.

Nosotros vivimos una situación extraordinaria en la que varias pateras sin motor se acumularon en mitad de la noche y nos vimos obligados a subir a bordo a las más de sesenta personas que había en ellas.

Finalmente, Italia nos proporcionó un puerto seguro en Sicilia y, mientras navegábamos hacia el norte, pude conocer diferentes historias. La mayoría de las personas embarcadas provenían de Guinea-Conakri, y hubo dos relatos que me marcaron en especial.

Migrante anónimo

Hui de Guinea hasta Túnez en el año 2020. Allí era duro. Muchos problemas. La policía, la violencia, todo mal. Había estudiado en Guinea. Soy ingeniero. Pero allí no había trabajo. Mi vida estaba en peligro. Yo quería quedarme, pero no había esperanza.

Al principio de llegar a Túnez, todo fue bien. Trabajaba un poco, hacía mis cosas. Pero en 2022 todo cambió. Empezaron los problemas. Mis amigos estaban en peligro. La policía iba tras ellos. Nos veían como enemigos.

Los tunecinos empezaron a cambiar. Antes no había problemas con nosotros, los negros. Pero luego comenzaron los ataques. Entraban en nuestras casas, nos amenazaban. Nos decían que nos fuéramos.

La policía siempre andaba buscando a negros sin papeles. Te preguntaban: «¿Dónde están tus papeles? ¿A dónde vas?». Yo tenía un permiso de residencia temporal, pero me trataban igual que si no tuviera ninguna clase de papeles y viviera en la calle. Tenía permiso para estar allí, pero no importaba. Me veían solo como un negro, nada más. Esa era mi única identidad.

Me robaron. Me atacaron. La gente de Sfax fue muy cruel con nosotros. La policía no nos ayudaba. En lugar de eso, nos echaban del país. Nos subían a autobuses y nos llevaban a la frontera. Allí, solo había desierto. Luego venía la policía de Libia. Era un verdadero infierno.

No pensé que terminaría así. Quería hacer las cosas bien, pero no me dejaron. Túnez no era seguro para nosotros. Necesitaba encontrar un lugar seguro. No podía esperar más.

El racismo hacia los negros en Túnez tiene raíces históricas profundas, ligadas principalmente a la época de la esclavitud, donde existía una marcada estratificación social basada en la raza. El colonialismo exacerbó aún más estas divisiones raciales, ya que a menudo los europeos fomentaban la desigualdad y las divisiones étnicas como una forma de mantener el control. Ese legado ha permeado generaciones y aún resuena en la sociedad actual, dando lugar a prejuicios y estereotipos negativos

que se reflejan en varios aspectos de la vida cotidiana, como las oportunidades laborales y el acceso a la educación. En este contexto, las personas negras de Túnez están en desventaja en varios ámbitos, y deben salvar barreras sociales y económicas. Sin embargo, es crucial mencionar que, en los años recientes, el Gobierno y varias organizaciones están trabajando activamente para combatir estas disparidades a través de políticas inclusivas y leyes que penalizan la discriminación racial, marcando así un camino hacia una sociedad más inclusiva y justa.

Cada uno tiene su propia historia y es distinta a la de los demás, pero en mi caso nunca imaginé que podría encontrarme en esta situación.

No obstante, cuando vives en un país que te presiona para que te vayas, no te queda otra alternativa que buscar otro país donde respeten tus derechos. Lo único que pido es que mi vida no corra peligro. La seguridad es lo más importante. Si no tengo seguridad, no voy a esperar sentado a que me la den; soy yo quien se moverá para encontrarla.

Y entonces, vosotros nos encontrasteis. Estábamos perdidos en el mar. Sin comida, sin esperanza. Pero vosotros nos salvasteis. Estoy muy agradecido. No sé cómo agradecerlo. Sois buenos. Gracias, muchas gracias. Os devolvería el favor diez veces. Me quito el sombrero ante vosotros y os animo a continuar así.

Segundo migrante anónimo

Me llamo Seydou Camara y soy de Guinea-Conakri. La situación en mi país no es fácil económicamente. No es un lugar seguro para la población. Y eso provoca que mucha gente decida huir hacia Europa.

No es que sea el infierno, ni que Europa sea el paraíso, pero como cualquier ser humano queremos un sitio seguro para vivir. Tenemos necesidades básicas, como comer, curarnos si estamos enfermos y que nos protejan. Por eso, nos arriesgamos a salir clandestinamente hacia Europa.

La República de Guinea, conocida como Guinea-Conakri, es un país situado en la costa oeste de África. Aunque es rico en recursos naturales como la bauxita, el oro y los diamantes, se ha enfrentado a una serie de desafíos económicos y sociales que han contribuido a generar niveles altos de pobreza. Por ejemplo, ha tenido problemas significativos con unas infraestructuras insuficientes y obsoletas, lo que ha limitado severamente su desarrollo económico y la calidad de vida de sus ciudadanos. El transporte, el sector energético y la sanidad están en condiciones precarias, e impiden un desarrollo armónico y una distribución equitativa de los recursos y oportunidades. Además, la educación, que es un pilar fundamental para el desarrollo de un país, llega a muy poca gente, con tasas bajas de alfabetización y un acceso restringido a una enseñanza de calidad, lo que perpetúa el estado de pobreza y desigualdad. La situación se ve aún más agravada por la corrupción persistente y la mala gestión gubernamental que vive Guinea desde hace años.

Yo me estaba formando como pastelero, pero ganaba muy poco dinero. Porque en África, aunque tengas trabajo, no es fácil salir adelante y cubrir tus necesidades y las de tu familia. No solo formo parte de una familia muy humilde, sino que esta tiene muchos niños: entre veinte y treinta. Así que, como hombre, tengo la obligación de hacerme cargo de la familia. Tengo que ganar dinero para los gastos de la escuela. Para pagar el alquiler. Cualquier cosa antes que ver a mi madre y a mi padre sufrir.

Cuando salí de Guinea para venir a Europa, pasé de Malí a Argelia. Y en Argelia no fue fácil. Buscan a los negros para repatriarlos. No solo por los papeles, sino por el color de piel. Dentro del propio continente africano hay mucho odio hacia los negros. Porque, a pesar de todos los esfuerzos que los negros hacen para llegar a Argelia, cuando las autoridades argelinas te encuentran, te meten en la cárcel.

Según las leyes de repatriación, deberían mantener a la gente en buenas condiciones hasta que los devuelvan a nuestro país, pero los tienen en una situación muy precaria; algunos mueren en prisión, otros pasan muchos días sin comer antes de ser repatriados. Es muy duro para nosotros, porque no nos repatrian porque hayamos hecho daño, sino porque tenemos la piel negra.

Pero, por suerte, no nos cruzamos con la policía de Argelia y pudimos llegar a Túnez. Al llegar allí fue diferente. No entiendo por qué los tunecinos actúan así. A algunos les gustan los negros, a otros no. ¿No le gustan los negros a la población o es al Gobierno? Es una pregunta interesante para entender lo que está pasando. ¿Por qué vemos al presidente de Túnez dando discursos racistas? Luego, la gente, cuando hay un problema entre negros y tunecinos, interviene, causando daños materiales y humanos. Incluso puede haber muertes.

Un día, los tunecinos se rebelaron después de un problema entre un negro y un tunecino, y todos los negros tuvimos que escondernos en casa. Algunos de mis amigos que vivían en la calle, que estaban en lugares públicos, fueron atrapados por la policía y los mandaron al desierto, entre la frontera tunecina y libia. Allí encontraron la muerte.

Esto es algo que nunca voy a olvidar: un ser querido, tu hermano del mismo color, de la misma sangre, que es repatriado y trasladado al desierto para encontrar la muerte.

Es triste para Túnez, porque nunca podrá salir del continente africano. Se supone que estamos unidos, pero por mi experiencia sé que no se nos trata a todos igual. Túnez trata mal a las personas negras. Pero les gustemos o no los negros, siempre estaremos aquí. Así de simple.

Yo estuve tres meses en Túnez, pero tuve la suerte de trabajar en una fábrica. Afortunadamente, no solo he conocido a gente mala, también a gente buena. No todo el mundo es igual. Pero los negros, normalmente, tenemos las de perder.

Por eso, las personas negras hacemos todo lo posible para cruzar el Mediterráneo. Ahorramos mil quinientos euros para gastarlos en un viaje por el mar. Porque el Mediterráneo no es gratis.

Hay que trabajar mucho si no tienes la suerte de que tus padres puedan pagarte el viaje. Es muy caro, y nuestros padres son pobres. Primero vamos a Argelia para trabajar. Si hemos tenido la suerte de no ser repatriados, seguimos hasta Túnez para seguir trabajando y conseguir los mil quinientos euros. Con eso compramos el motor y confeccionamos la patera. Y cuando salimos al mar, puede que encontremos buena o mala mar.

Si hay mala mar, es muy difícil sobrevivir. Eso también es muy triste. Tenemos muchísimos amigos y hermanos que han muerto en este mar. Mujeres embarazadas, niños, bebés… En nuestra patera había bebés de cinco meses, de dos meses.

Si Túnez nos hubiera dado la oportunidad de vivir, nadie habría salido de allí. Porque sabemos que Europa no es el paraíso. No dejamos nuestro hogar porque queramos ver Europa, no vamos hasta allí como turistas. Salimos para ganarnos el pan, y poder dar de comer a nuestros padres. Salimos porque en Europa no tendremos que temer por nuestra vida.

Eso no significa que quiera quedarme en Europa para siempre.

Esperamos tener este seguro de vida en Europa. Queremos producir como en Europa para tener muchas más cosas. Queremos fabricar las cosas como los blancos y tenemos muchas ideas para mejorar nuestro país. Igual que los europeos. Yo, personalmente, vengo para aprender y regresar luego a mi país con todo lo aprendido. Porque me dan igual los mil problemas que podamos tener en África: yo nunca seré europeo, siempre seré africano, siempre seré africano.

África está atrasada por muchos motivos, pero también por responsabilidad de las autoridades europeas y de algunos gobiernos africanos. ¿Por qué nuestros recursos son explotados por los europeos, por los americanos o por los chinos?

Nuestro hierro. Nuestro café. Todo es explotado por los occidentales. Si en ese intercambio realmente hubiera igualdad y no desigualdad, África sería muy distinta a como es. Se hubiera desarrollado como Francia, Italia, Alemania o España. Es la desigualdad y la corrupción lo que hace que África todavía esté dominada por los europeos.

África tiene muchas cosas buenas, una gran cultura, buenos valores. Hay grandes ideas de personas creativas. Pero no hay medios. Y si las autoridades europeas no toman decisiones para ayudarnos, es porque no les gustan los negros. Si fuéramos blancos, sería distinto. No estaríamos con una patera sin motor en medio del mar. Vendrían a Túnez a recogernos para llevarnos a Europa en las mejores condiciones. Pero como la vida de los negros no es demasiado importante para ellos, no hacen nada por nosotros.

Dejar que se pierda una vida es dejar que todo el mundo la pierda. Porque ningún europeo es superior a un africano. Vosotros tenéis nariz, nosotros tenemos nariz, vosotros tenéis boca, nosotros tenemos boca… La fisonomía es la misma.

Creo que en lugar de prohibir que salgamos, hay que dejar de obligarnos a salir. Porque el gran problema es que si abandonas tu país, no querrás regresar hasta que no tengas dinero para alimentar a la familia. Mi padre ha muerto. Ha dejado a treinta niños. ¿Quién se encargará de todo esto?

Así que, en lugar gastar el dinero para bloquear a los negros, sería mejor que probaran a invertirlo en nuestro país.

Por último, quiero recalcar que no salimos de Túnez porque haya ONG que rescatan gente en el mar. No es eso lo que motiva a los negros a venir. Aunque no hubiera ONG, la gente saldría igual. Desde hace siete años la gente viene a Lampedusa, y entonces no había rescates. Muchos de mis amigos vinieron sin que hubiera barcos de rescate.

Tengo muchos amigos que no sé dónde están, no sé si han llegado a Europa o si han muerto en el Mediterráneo. Sus padres no saben nada.

Si no tienes una buena brújula que te pueda dirigir hacia Lampedusa, te perderás en el mar. Y si eso ocurre, puedes morir porque te quedas sin comida.

Como nosotros, que nos quedamos un día perdidos en el mar sin comida ni agua. Así que imagínate qué hubiera sido de nosotros si no nos hubierais encontrado. Muchísimas gracias a todas las organizaciones que vienen a salvar vidas en el mar Mediterráneo. Porque salvar una vida es salvarnos a todos, y dejar perder una vida es dejar que todo el mundo pierda. Todos tenemos padres e hijos. ¿Qué pasaría si fuera tu hijo o el hijo de tu hermano?

20

Rupturas amorosas, magos negros y terroristas

Srinagar (India)

A veces las mejores historias están a la vuelta de la esquina. En este libro hemos conocido a cazadores de cabezas humanas, exploradores polares, indígenas amazónicos y chamanes o reporteros de guerra. Aquí el protagonista de este relato es el bien conocido Luis Piñero.

Antes de conocernos en la India y que comenzara nuestro interminable camino de aventuras por el mundo, él vivió una mística, emocionante y peligrosa consecución de acontecimientos en ese mismo país asiático.

Magos negros, accidentes de tráfico y atentados terroristas se entrelazan formando una surrealista historia que bien podría estar sacada de un libro de ciencia ficción. Todavía recuerdo cuando Luis me la contaba aún emocionado y yo atendía atónito ante tal sucesión de desdichas que parecían no tener fin.

No hablaré más sobre nosotros y nuestras aventuras, pues ya lo he hecho en varios de los relatos. Sin embargo, la lista de anécdotas que hemos vivido juntos es bien larga. ¡Reservamos algunas para el próximo libro!

Luis

Tenía veintiún años, y tres meses antes había cortado con Cris. Fue un periodo extremadamente complicado. Yo no había sido una persona de la que sentirme orgulloso; lejos de ello, comencé a comprender que había adoptado algunas malas pautas que me conducirían de forma irremediable a una vida desgraciada si no les ponía fin.

Decepcionado conmigo mismo y con la forma en la que gestionaba mis emociones (y todo el daño que esto supuso), decidí que era necesaria una catarsis.

Uno de los escasos alivios que me quedaban en aquel momento era la seductora llamada de la aventura. Durante mi relación con Cris, viajar más allá de las fronteras de España se había convertido en un desafío constante, ya que tanto ella como sus padres manifestaban un rechazo claro a salir del país. Ahora, sin embargo, todas las restricciones habían quedado atrás.

Mi madre, a quien estaré eternamente agradecido por ese gesto de generosidad, me dio mil euros para emprender un viaje al destino del mundo que eligiera. Imaginad su sorpresa cuando le comuniqué que había escogido la India. El lorazepam y el Lexatin hicieron su agosto ese verano.

Durante años, escuché apasionantes y alarmantes rela-

tos de viajeros que habían explorado la India. A ninguno de ellos los dejó indiferentes.

Invertí quinientos cincuenta euros del total que recibí en adquirir mis vuelos y mi visado: empezaría en Delhi y terminaría en Bombay. Con los cuatrocientos cincuenta euros restantes, planeaba recorrer el país en cuarenta y cinco días, asignando diez euros diarios para comer, alojarme y moverme. Se trataba del primer viaje que hacía en solitario y uno de los primeros que organizaba por mi cuenta.

Mi innato optimismo, mezclado con cierta ingenuidad, ha guiado gran parte de mis decisiones vitales. No tengo duda de que esta peculiar combinación es la que me ha permitido vivir grandes aventuras por el mundo con Lethal. Fue con ese mismo optimismo con el que redacté una hoja de ruta totalmente inviable, propia de un demente. En ella, planeaba básicamente pasar una noche en cada sitio que quisiera visitar y recorrer la totalidad de la India. En algún momento se me ocurrió que hacer trescientos kilómetros al día era una idea razonable.

Al enfrentarme a la asfixiante atmósfera de Delhi y conversar con los recepcionistas de mi hotel en Paharganj, me di cuenta de que mi plan era tanto física como económicamente inviable. Tendría que buscar otra forma de recorrer el país durante el próximo mes y medio. Acudí a una agencia de viajes en busca de asesoramiento sobre qué alternativas tenía. El coste que me proponían solo para el transporte a unos pocos destinos superaba el presupuesto total que había destinado para mi viaje. Me levanté y salí del lugar, en un estado alterado que probablemente se debía a un té que me habían servido con algún tipo de sustancia (esto no es motivo de alarma, ha sido la única vez que me han drogado en un viaje).

Uno de los recepcionistas de mi hotel me ofreció la oportunidad de alojarme en una casa en Srinagar, en Jammu y Cachemira. La familia que me acogería era conocida suya. A cambio de ayudar en las tareas cotidianas, tendría un alojamiento económico durante las próximas tres semanas.

Jammu y Cachemira es una región crucial a nivel estratégico situada en el sur de la India. No en vano, se ha enfrentado a tensiones constantes desde la división del país en 1947. Compuesto por múltiples grupos étnicos y religiosos, este territorio es un caldero de diversidad cultural. Aunque es diverso, tiene una alta concentración de musulmanes y muchas personas sienten que su identidad cultural y religiosa no está representada adecuadamente bajo la Administración india.

Este descontento se intensificó cuando el Gobierno revocó el estatus especial de Jammu y Cachemira según el artículo 370 de la Constitución en 2019. Este movimiento exacerbó las tensiones y avivó las llamas del separatismo. La situación también se ha visto agravada por denuncias de violaciones a los derechos humanos, incluyendo detenciones arbitrarias, tortura y muertes extrajudiciales por parte de las fuerzas de seguridad indias.

En términos económicos, a pesar de su riqueza en recursos naturales, la región sigue siendo una de las más subdesarrolladas en la India. Este atraso ha contribuido al sentimiento generalizado de alienación y descontento entre sus habitantes. Además, la presencia y el apoyo de grupos extremistas, junto con la interferencia de países vecinos como Pakistán, ha añadido capas de complejidad a la ya difícil situación.

Respecto a la presencia militar, aunque los datos son sensibles y por tanto complicados de confirmar, se estima que existen entre quinientos mil y setecientos mil soldados indios estacionados en Jammu y Cachemira. Esta cantidad masiva de fuerzas armadas hace que este territorio sea una de las zonas más militarizadas del mundo.

Tras un infernal trayecto en autobús de treinta y seis horas por las carreteras del Himalaya, durante el cual más de una vez alguna de las ruedas del vehículo abandonó el asfalto y pareció que nos precipitábamos al vacío, llegué a este estado fronterizo con Pakistán. Ignorante de la tensa situación política y del conflicto local, me sorprendió la abundante presencia militar y los múltiples controles. Sin darle mayor importancia ni hacer preguntas, comencé mi estancia allí.

En la casa que me acogió conocí a Manzoor Wangnoo, un hombre musulmán local de Srinagar que, desde hace años, residía en Finlandia. Gracias a él y a sus amigos de la infancia descubrí varios rincones secretos de la ciudad. Navegamos varias veces por el lago Dal, dormimos en una lujosa casa flotante y fuimos invitados a comer y fumar *shisha* en los hoteles que ellos poseían. Fueron días hospitalarios y llenos de cariño.

Ese mes coincidía con el Ramadán, que culminaba el 5 de julio con la celebración del Eid al Fitr, es decir, la Fiesta del Fin del Ayuno o Fiesta de la Ruptura del Ayuno. Nos vestimos con *kurta pajamas*, la prenda de ropa tradicional, y nos dirigimos a una reunión en una casa particular, a la que me llevaron Manzoor, Neyaz y Omer. Al llegar, me encontré con unas veinte personas, todos hombres y de diversas edades.

Por su vestimenta y actitud, deduje que dos de ellos eran los «líderes» del evento. Me situé al lado del más mayor y peculiar de todos, y saqué mi cámara para capturar el momento. Me ofrecieron helado y, con una mirada y una sonrisa, aprobaron mi intención de fotografiarlos. Sentí que estaba exactamente donde debía estar, viviendo una escena que capturaba la esencia y la magia del viaje. Disfruté observando a los mayores fumar una especie de *shisha*, toser y exclamar frases en un idioma desconocido.

No habían pasado más de quince minutos cuando me percaté de que ninguna de las cinco personas que me acompañaban estaba ya conmigo. Justo entonces, Omer me dio unos toques en la espalda, alertándome de que debíamos marcharnos. Extrañado, le respondí que quería quedarme un poco más y que me iría en breve. Tras diez minutos interactuando con los asistentes a la celebración, me levanté, me despedí con un gesto de agradecimiento a los líderes, y ellos me respondieron con una mirada amable.

Al salir, me dirigí al coche donde habíamos llegado y hallé a Manzoor, visiblemente alterado y nervioso, en plena discusión con Neyaz. El cambio abrupto de ambiente me llevó a preguntar qué estaba pasando. Manzoor explicó que la celebración a la que habíamos asistido no era realmente un festejo por el fin del Ramadán. Era un ritual de magia negra.

Sorprendido por este giro de acontecimientos (cabe señalar que nunca había estado cerca de nada parecido), le pregunté qué hacían exactamente aquellos magos.

—Son maestros de alta espiritualidad. Entienden la psicología humana y la pueden usar para bien o para mal —me respondió.

—¿Qué cosas malas? —inquirí.

—Mi hermano Altaf participó en uno de sus rituales con ocho años y desde entonces solo puede dormir una hora al día. Ahora tiene treinta. Uno de mis primos murió en un accidente de tráfico tras una ceremonia similar.

Aunque no soy supersticioso, pensé que, dadas las buenas vibraciones y conexión que tuve con ellos, si la magia negra existiera, a mí no me afectaría. Contento por la experiencia, nos dirigimos al hotel de Omer para comer. El restaurante del lugar tenía un aire de discoteca cutre, con luces de colores y un ambiente más bien hortera. Para comer, nos sirvieron ternera.

La teoría de que Jesucristo pudo haber muerto en la región de Cachemira es una especulación que ha circulado durante bastante tiempo, aunque no tiene respaldo en la tradición cristiana ortodoxa ni en pruebas históricas sólidas. Esta teoría a menudo se asocia con relatos que recogen que Jesucristo sobrevivió a la crucifixión y luego viajó al este, eventualmente llegando a lo que hoy es la región india de Jammu y Cachemira.

El lugar en cuestión se identifica con frecuencia como el Roza Bal, un santuario en Srinagar. Según esta teoría, Jesucristo habría adoptado el nombre de Yuz Asaf y vivido en aquel lugar durante varios años, donde finalmente habría muerto y habría sido enterrado en el Roza Bal.

Esta teoría se popularizó sobre todo a través de textos y documentales del siglo XX, pero hay que tener en cuenta que carece de consenso académico y religioso. Las tradiciones cristianas ortodoxas sostienen que Jesucristo fue crucificado en Jerusalén y resucitó al tercer día, ascendiendo luego al cielo. Asimismo, los estudiosos en general han sido escépticos acerca del supuesto de que Jesucristo pasó un periodo significativo de su vida en Cachemira, dado que no hay pruebas históricas ni arqueológicas que lo respalden.

Tras la comida y una larga sobremesa, otro amigo, Imran, sugirió que fuéramos a tomar algo a casa de otra persona. Una hora más tarde, mientras cruzábamos un barrio residencial en coche, un todoterreno nos embistió por la puerta trasera izquierda, donde yo estaba sentado. El coche empezó a girar hasta que al final se detuvo. Wangnoo, en estado de pánico, gritaba a Neyaz y Omer que el accidente era resultado de nuestro encuentro con los magos negros.

Las emociones se desataron, tanto dentro de nuestro coche como entre los ocupantes del todoterreno, que resultaron ser un abogado, su mujer y su hija. Según la traducción de Omer, el padre amenazaba con arruinarnos la vida, mientras que Wangnoo y los demás respondían con sus propias amenazas. La escena atrajo a muchos curiosos. Durante toda esta escena, me quedé asombrado: el todoterreno había impactado justo donde yo me encontraba, y yo había salido completamente ileso.

Cuando bajé del coche, me sentí del todo zen y, sorprendido por la intensidad del momento, comprobé mis pulsaciones, que resultaron ser normales. Ante las discusiones, mantenía una especie de sonrisa agradecida por que todo estuviese bien, y con ese ánimo de concordia, miraba a la familia.

Acordamos encontrarnos en una comisaría de policía y nos subimos al vehículo, todos en el mismo lugar. Omer, que conducía, aceleró en estas calles residenciales debido al cabreo que tenía… y, al girar la segunda esquina, sucedió lo inesperado. Un enorme hoyo con una caída de alrededor de ocho metros nos estaba esperando. Omer logró frenar, pero no fue suficiente y, entre gritos de pánico, nos vimos, como en las películas, mirando a través del parabrisas la aterradora caída a la que se precipitaba nuestro coche, que se balanceaba en el abismo.

Pánico. Omer gritaba que nadie se moviera para evitar que nos cayésemos. Mientras lo decía, Wangnoo salió por el asiento del copiloto y mis otros dos acompañantes por la puerta trasera derecha. Manteniendo la actitud zen del accidente ocurrido diez minutos antes, sabía que era posible que nos despeñáramos tras marcharse ellos. Esto ya era un sálvese quien pueda. Intenté abrir mi puerta, pero, debido al impacto anterior, no pude. Usando un tirador, abrí rápidamente la ventana y salí por ella con mi cámara, mientras el coche pendía en el borde. No me enorgullece haber dejado a Omer a su suerte, pero el instinto de supervivencia primó ante una muerte que parecía inminente.

Mientras salía con la mayor agilidad posible, los gritos de terror habían atraído a los vecinos curiosos que habían venido a comprobar qué pasaba. Unas quince personas empujábamos el coche y, con Omer al volante, logramos sacar en segundos nuestro féretro rodante. Wangnoo, una vez más, estaba aún más aterrado, gritando al amigo que nos había llevado a lo que parecía una inocente celebración de Eid al Fitr. Volví a medir mis pulsaciones: todo en orden, tranquilo y, una vez más, agradecido de que todo estuviese bien.

Teníamos que acudir a la comisaría. Antes de partir, me pidieron que no mencionase ni por asomo este último incidente. Comprendí por qué.

Cuando llegamos, ya era de noche y la familia nos estaba esperando. Los gritos resurgieron junto al calabozo donde yacía un preso moribundo en el suelo. Relajado, comprendí que el asunto no tenía que ver conmigo y me dediqué a observar la escena, tratando de calmar los ánimos sonriendo tanto a la familia como a «los míos».

Tuvimos que esperar tres horas hasta que vino el sheriff. Cuando por fin llegó, se retiró a su oficina y nos pidió que redactásemos un relato de los hechos. Wangnoo me instó a que mintiese, afirmando que la familia era quien había impactado contra nosotros y que tenía toda la culpa. Me negué y empecé a redactar mi versión de lo que había sucedido: era un cruce sin señalización en un barrio residencial de la periferia de Srinagar, y ninguno de los dos coches tenía realmente la culpa, ya que no había señales que indicasen que había que parar o reducir la velocidad.

Cuando el comisario llamó a los responsables del accidente, primero a Wangnoo, después a Omer y finalmente a la familia, noté un cambio en ellos. Se acercaron, me dieron las gracias y el hombre comenzó a besarme la mano repetidamente, lamentando lo ocurrido. La madre me ofreció una sonrisa plena de ternura y la hija me lanzó una mirada en la que fácilmente podría perderme. Mientras procesaba todo esto, Omer me indicó que el comisario quería verme.

En su oficina, el policía me agarró con firmeza la mano y, con una mirada penetrante, me informó de que la familia había decidido no denunciar. Si lo hubiesen hecho, habría estado atrapado en Jammu y Cachemira durante años hasta la celebración del juicio. Asentí, agradecido pero conmocionado, sin hallar palabras para describir lo cerca que había estado de una vida suspendida en el limbo judicial. Omer y Wangnoo coincidieron en que había tenido suerte, y ellos mismos parecían desgastados por la serie de acontecimientos tumultuosos a los que se habían enfrentado aquella noche.

En el coche, reflexionaba sobre todo lo ocurrido, sintiéndome extrañamente seguro y optimista acerca del rumbo de mi vida. No podía afirmar que todo se debiera a algún tipo de ritual mágico, pero la sugestión que me proporcionó fue una balsa de salvación para la nueva etapa que estaba por comenzar.

Llegamos a casa a medianoche; el dueño estaba absorto viendo la televisión. Sin levantar la mirada, soltó:

—Se avecinan problemas —dijo—. Va a estallar una nueva guerra.

Habían asesinado al líder de los Freedom Fighters, un grupo terrorista que abogaba por la independencia de Jammu y Cachemira. Los rebeldes comenzaban una nueva revolución a raíz de este asesinato por parte de las fuerzas militares.

Se decretó el toque de queda y durante una semana, en la que me vi obligado a permanecer dentro de la casa, se oyeron disparos fuera. Se comentaba que solo en Srinagar habían asesinado a más de cincuenta personas.

Al día siguiente supe que la comisaría donde habíamos estado el día anterior había sido volada por granadas lanzadas por los rebeldes. Doce agentes resultaron heridos o muertos. Años después pregunté a Wangnoo por detalles para corroborar la información. Aunque no pude confirmar ni el lugar ni el suceso, me dijo que había habido escasa cobertura mediática: «Personas matándose entre ellas por supervivencia. Una guerra silenciosa».

Lo pasé mal en esos días; sentí pánico en un par de ocasiones al oír disparos cerca de casa. Tras una semana confinados, contacté con la embajada española. Su única recomendación fue: «Sal de ahí cuanto antes». Wangnoo consiguió un conductor dispuesto a llevarnos al aeropuerto a cambio de una suma elevada. Viajé tumbado en la parte trasera del coche, oculto, siguiendo las recomendaciones de Wangnoo y del conductor.

En el aeropuerto de Srinagar, tuvimos que pasar unos trece controles de seguridad: varios para entrar en el aeropuerto, tres más para revisar nuestro equipaje, uno en la puerta de embarque y, finalmente, un último control justo antes de entrar al avión.

Aterricé de nuevo en Delhi. Wangnoo me trasladó a casa de su hermano Sahil y también conocí a su otro hermano, Altaf, quien duerme apenas una hora al día. Esa misma noche me llevaron de fiesta al hotel Sangrilah. Con una camiseta de manga larga blanca manchada de tierra y mis botas de aventura, me uní a ellos. En menos de veinticuatro horas, habíamos pasado de una situación de alta tensión a una discoteca repleta de adinerados hombres indios, cada uno rodeado por una docena de mujeres del este.

Durante esos agobiantes días, una de las ideas que me reconfortaba era que, si todo salía bien, esta historia me proporcionaría un material irresistible para futuros flirteos. Durante dos años, este relato fue mi carta de triunfo con diferentes chicas. Al final, me cansé de mis propias palabras y dejé de contar la historia.

Este episodio marcó el inicio de mi vida viajera, un tiempo para conocerme y enfrentarme a situaciones difíciles. Me llevó a encontrar a las personas que siempre había querido tener a mi lado y a la vida que, desde niño, había intuido que quería vivir.

La India, desde luego, no me dejó indiferente.

AGRADECIMIENTOS

No puedo cerrar este mi primer libro sin acordarme de ciertas personas que han estado junto a mí durante todos estos años. Con todo mi amor, quiero dar las gracias a mis padres, Juancar y Eva, por haber luchado por criar a un niño tan difícil como yo lo fui y por apoyarme en todo hoy en día. Lo mismo mi hermana, Silvia, quien tuvo que aguantar las continuas malas ideas que me gobernaban durante mi niñez. A toda mi familia: abuelos, tíos, primos.

A Irati, mi novia, por estar siempre ahí y apoyarme en todo. Por ser mi compañera de viajes y mi compañera de vida.

A Marta, mi amiga y representante, que siempre vela por este proyecto y me hace la vida mucho más fácil.

A todos aquellos con quienes he tenido la suerte de compartir viajes y aventuras. En especial a mi equipo de trabajo de confianza y que tanto me inspiran: Luis Piñero, Nacho Jáuregui, Jordi Fradera y David Jácome, quienes están detrás de la máxima calidad de todo el trabajo audiovisual. También a Iván Méndez, siempre ayudando desde la distancia.

A mis amigos de Castro Urdiales y alrededores, por los ratos que pasamos y las aventuras que vivimos (que tampoco se quedan atrás aun siendo en casa).

Y gracias, por supuesto, a quienes me seguís y me apoyáis en todo; sois el motor principal de un proyecto tan bonito.

CRÉDITOS DE LAS IMÁGENES